はじめての日本語能力試験
N4

Practice Test for Passing the JLPT
JLPT全真模拟试题 合格直通
Đề luyện thi năng lực tiếng Nhật
Cùng bạn chinh phục thử thách JLPT

アスク編集部 編著

ask

はじめに

試験を受けるとき、過去に出された問題を解いて、どのような問題が出るのか、それに対して現在の自分の実力はどうか、確認することは一般的な勉強法でしょう。そこで私たちは、日本語能力試験を研究し、このシリーズをつくりました。はじめて日本語能力試験N4を受ける人も、本書で問題形式ごとのポイントを知り、同じ形式の問題を3回分解くことで、万全の態勢で本番に臨むことができるはずです。本書『合格模試』を手にとってくださったみなさんが、日本語能力試験N4に合格し、さらに上の目標を目指していかれることを願っています。

編集部一同

日本語能力試験N4は、2020年度第2回試験より、試験時間および問題数の目安に一部変更がありました。本書は変更前の試験内容に沿って制作しています。

Introduction:
When taking a test, one general method of study is to solve questions that have appeared in past tests to see what kind of questions will be on the test as well as to see what your current ability is. Therefore, we created this series by researching the Japanese Language Proficiency Test. Even those who take the Japanese Language Proficiency Test N4 for the first time should be able to use this book to learn the points of each type of question and practice answering that same type of question in order to fully prepare yourself for talking the real test. We hope that all of our readers who have purchased *Gokaku Moshi* will pass the Japanese Language Proficiency Test Level N4 and aspire for higher goals.

The Editorial Department

JLPT N4 has undergone some changes in the test duration and the number of questions since the second examination of 2020. The contents of this book had been compiled by considering the exam before the changes.

前言：
解答历年真题，确认试题中出现的题型并检查自身实力，是广大考生备考时普遍使用的学习方法。基于以上现状，我们对日语能力考试进行深入研究，并制作了本系列书籍。第一次参加N4考试的人，也能通过本书熟知各个大题的出题要点。解答三次与正式考试相同形式的试题，以万全的态势挑战考试吧。衷心祝愿购买本书《合格直通》的各位能在N4考试中旗开得胜，并追求更高的目标。

编辑部全体成员

自2020年第二次考试以来，JLPT N4在考试时间和题目数量上发生了一些变化。本书是根据变更前的考试内容制作而成的。

Lời nói đầu:
Khi dự thi, việc giải những đề thi trong quá khứ, xem những đề thi đã ra như thế nào, và thực lực của bản thân mình hiện nay đối với những đề thi như vậy như thế nào, là cách học phổ biến. Vì vậy, và nghiên cứu về các đề thi năng lực tiếng Nhật. Trên cơ sở đó, chúng tôi đã biên soạn ra loạt sách này. Thông qua việc biết được những điểm quan trọng trong mỗi hình thức câu hỏi thi, và việc giải 3 đề thi trong cuốn sách này, thì ngay cả những người lần đầu tiên tham gia kì thi N4 đi nữa, chắc chắn có thể hướng tới kỳ thi chính thức với một tư thế hoàn hảo. Chúng tôi hy vọng những bạn đã lựa chọn cuốn『合格模試』này sẽ thi đỗ trong kì thi năng lực tiếng Nhật N4 và hơn thế nữa, còn hướng đến những mục tiêu cao hơn.

Ban biên tập

JLPT N4 đã có một số thay đổi về thời gian thi và số lượng câu hỏi kể từ kỳ thi thứ 2 năm 2020. Nội dung cuốn sách này được biên soạn bằng cách ôn thi trước những thay đổi.

もくじ
Contents ／目录／ Mục lục

この本の使い方

構成

模擬試験が3回分ついています。時間を計って集中して取り組んでください。終了後は採点して、わからなかったところ、間違えたところはそのままにせず、解説までしっかり読んでください。

対策 日本語能力試験にはどのような問題が出るか、どうやって勉強すればいいのか確認する。

解答・解説 正誤を判定するだけでなく、どうして間違えたのか確認すること。

正答以外の選択肢についての解説。

□・覚えよう　問題文に出てきた語彙・表現や、関連する語彙・表現。

問題（別冊） とりはずし、最終ページにある解答用紙を切り離して使う。解答用紙はサイトからダウンロードもできる。

スケジュール

JLPTの勉強開始時：第1回の問題を解いて、試験の形式と自分の実力を知る。

苦手分野をトレーニング

- **文字・語彙・文法：**模試の解説で取り上げられている語・表現をノートに書き写しておぼえる。
- **読解：**毎日1つ日本語のまとまった文章を読む。
- **聴解：**模試の問題をスクリプトを見ながら聞く。

第2回、第3回の問題を解いて、日本語力が伸びているか確認する。

試験直前：もう一度同じ模試を解いて最終確認。

音声はwebでダウンロードができます。詳細は下記をご覧ください。

➡ **https://www.ask-books.com/support/**

シリアルコード：93131

解答を入力するだけで採点ができるExcelシートを下記サイトに用意しました。

➡ **https://www.ask-books.com/jp/goukaku/**

How to Use This Book

Structure

This book includes three practice tests. Please focus hard and time yourself when taking them. After you have finished, calculate your score, and once you have found what you got wrong or did not know, go back and carefully read the explanations.

Test Preparations See what kinds of questions will appear on the JLPT and learn how best to study for them.

Answers・Explanations Go beyond seeing the right or wrong answers; learn why you got the question wrong.
Explanations for choices other than just the right answer
□・覚えよう (Let's Learn) Vocabulary and expressions found in the test questions as well as other related vocabulary and expressions

Questions (Supplementary Book) Remove and use the answer sheets on the last pages. The answer sheets can also be downloaded from our Website.

Schedule

When starting to study for the JLPT: Answer the questions on Test 1 to familiarize yourself with the format of the actual test and see how well you can do.

Training for areas that you have trouble with
- **Characters, vocabulary and grammar:** Learn the vocabulary and expressions shown in the practice test explanations by copying them down in your notes.
- **Reading comprehension:** Read one complete Japanese passage per day.
- **Listening comprehension:** Listen to practice test questions while reading along with their scripts.

Answer the questions for Test 2 and Test 3 to see if your skills in Japanese are improving.

Right before the test: Take the same practice tests again to check one last time.

The audio files for this book can be download from our Website. Go to the link below for further details.

➡ https://www.ask-books.com/support/
Serial code: 93131

Automatically score your tests just by entering your answers onto the Excel sheet available for download at the following link.

➡ https://www.ask-books.com/jp/goukaku/

本书的使用方法

构成

本书附带三次模拟试题。请计时并集中精力进行解答。解答结束后自行评分，对于不理解的地方和错题不要将错就错，请认真阅读解说部分。

考试对策 确认日语能力考试中出现的题型，并确认与之相应的学习方法。

解答・解说 不仅要判断正误，更要弄明白自己解答错误的原因。
对正确答案以外的选项进行解说。
□・覚えよう（必背单词） 问题中出现的词汇、表达，以及与之相关的词汇、表达。

试题（附册） 使用时可以单独取出。答题卡可以用剪刀等剪下，也可以通过官网下载。

备考计划表

备考开始时：解答第 1 回试题，了解考试的题型并检查自身实力。

针对不擅长的领域进行集中练习
- **文字・词汇・语法：**将解说部分中提到的词汇、表达抄到笔记本上，边写边记。
- **阅读：**坚持每天阅读一篇完整的日语文章。
- **听力：**反复听录音，并阅读听力原文。

解答第 2 回、第 3 回试题，确认自己的日语能力有没有得到提高。

正式考试之前：再次解答模拟试题，进行最终确认。

音频文件可以通过官网下载。详情请参看以下网站。

➡ https://www.ask-books.com/support/
序列码：93131

我们还为您准备了仅输入答案就能自动评分的电子表格。请从以下网站下载使用。

➡ https://www.ask-books.com/jp/goukaku/

Cách sử dụng cuốn sách này

Cấu trúc

Cuốn sách này gồm có ba đề thi thử. Các bạn hãy đo thời gian trong lúc tập trung giải đề. Sau khi giải xong, hãy chấm điểm cho bài thi mình vừa làm, những điểm nào mình không hiểu hay những điểm mình bị sai, các bạn đừng để mặc mà phải đọc phần giải thích cho thật kỹ.

Chiến lược Xác nhận xem có những loại câu hỏi như thế nào xuất hiện trong đề thi năng lực tiếng Nhật, và học luyện thi như thế nào sẽ có hiệu quả.

Đáp án • Giải thích Không chỉ đánh giá đúng sai, mà phải xác nhận tại sao lại sai.
Giải thích những cách lựa chọn khác ngoài đáp án đúng.
□・覚えよう (Hãy ghi nhớ) Từ vựng·mẫu câu xuất hiện trong đề thi, Từ vựng·mẫu câu liên quan

Đề thi (quyển đính kèm) Tách cuốn này ra, cắt tờ làm bài ở trang cuối cùng và sử dụng. Bạn cũng có thể tải tờ làm bài từ trên trang web.

Kế hoạch

Thời điểm bắt đầu học luyện thi JLPT: Giải đề 1 biết được hình thức đề thi và thực lực của bản thân.

Luyện tập những phần mình còn yếu
- **Chữ viết, từ vựng, ngữ pháp:** viết lại ra tập để thuộc lòng những từ, mẫu câu được đưa ra trong phần giải thích đề thi thử.
- **Đọc hiểu:** Mỗi ngày đọc một bài văn tiếng Nhật.
- **Nghe:** Vừa nhìn phần nội dung nghe vừa nghe.

Giải đề 2, đề 3 rồi xác nhận xem khả năng tiếng Nhật của mình có tiến triển hay chưa.

Ngay trước kì thi: làm lại đề thi một lần nữa, và xác nhận lại lần cuối.

Có thể tải tập tin âm thanh từ trên trang web. Thông tin chi tiết vui lòng tham khảo trang web sau đây.

➡ **https://www.ask-books.com/support/**
Mã số sê -ri: 93131

Chúng tôi đã chuẩn bị trang Excel để các bạn chỉ cần nhập đáp án vào là có thể chấm điểm được. Vui lòng tải từ trang web sau để sử dụng:

➡ **https://www.ask-books.com/jp/goukaku/**

日本語能力試験（JLPT）N4について

Q1 日本語能力試験（JLPT）ってどんな試験？

日本語を母語としない人の日本語力を測定する試験です。日本では47都道府県、海外では86か国（2018年実績）で実施。年間のべ100万人以上が受験する、最大規模の日本語の試験です。レベルはN5からN1まで5段階。以前は4級から1級の4段階でしたが、2010年に改訂されて、いまの形になりました。

Q2 N4はどんなレベル？

N4は、古い試験の3級にあたるレベルで、「基本的な日本語を理解することができる」とされています。具体的には「基本的な語彙や漢字を使って書かれた日常生活の中での身近な話題の文章を、読んで理解できる」「日常的な場面で、ややゆっくりと話される会話であれば、内容がほぼ理解できる」というレベルです。

Q3 N4はどんな問題が出るの？

試験科目は、①言語知識（文字・語彙）、②言語知識（文法）・読解、③聴解の3科目です。詳しい出題内容は12ページからの解説をご覧ください。

Q4 得点は？

試験科目と異なり、得点は、①言語知識（文字・語彙・文法）・読解、②聴解の2つに分かれています。①は0～120点、②は0～60点で、総合得点は0～180点、合格点は90点です。ただし、①が38点、②が19点に達していないと、総合得点が高くても不合格となります。

Q5 どうやって申し込むの？

日本で受験する場合は、日本国際教育支援協会のウェブサイト（info.jees-jlpt.jp）から申し込みます。郵送での申し込みは廃止されました。海外で受験する場合は、各国の実施機関に問い合わせます。実施機関は公式サイトで確認できます。

詳しくは公式サイトでご確認ください。
https://www.jlpt.jp

About the Japanese Language Proficiency Test Level N4

Q1 What kind of test is the Japanese Language Proficiency Test (JLPT)?

It is a test to measure Japanese language skills for people whose native language is not Japanese. It is held in 47 prefectures in Japan as well as in 86 countries around the world (as of 2018). It is the biggest Japanese language proficiency test in the world, with more than one million people taking it each year. It has five levels ranging from N5 to N1. Previously, it had only four levels, level 4 to level 1, but the test was revised in 2010 to its current form.

Q2 What kind of level is N4?

The N4 level is equal to Level 3 on the old version of the test and establishes that people who pass are able to understand basic Japanese. More specifically, it tests to see if you can read and understand passages written using basic vocabulary and kanji about familiar, everyday topics and if you can listen to and mostly understand conversations in everyday settings spoken at a somewhat slow speed.

Q3 What kind of questions are on the N4 test?

The test has three test sections: ①language knowledge (vocabulary/ grammar), ②language knowledge (grammar)・reading and ③listening. Please see page 12 for more details on the kinds of questions that show up on the test.

Q4 How is it scored?

The test has two scoring sections that differ from the subjects: ① language knowledge (characters/ vocabulary/ grammar)・reading and ②listening. Section ① is scored from 0 to 120 points, and Section ② is scored from 0 to 60 points for a total of 0 to 180 points, with a passing score being at least 90 points. However, you will be unable to pass if you score below 38 points on Section ① or 19 points on Section ②, even if your combined score is high.

Q5 How do you apply?

When taking the test in Japan, you can apply on the Japan Educational Exchanges and Services Website (info.jees-jlpt.jp). Applications sent by mail will no longer be accepted. When taking the test overseas, consult with your country's host agency. Host agencies in the various test site cities can be found on the Website shown below.

For more information, please visit:
https://www.jlpt.jp

关于日语能力考试N4
（JLPT）

Q1 关于日语能力考试（JLPT）

该考试以母语不是日语的人士为对象，对其日语能力进行测试和评定。截止2018年，在日本47个都道府县、海外86个国家均设有考点。每年报名人数总计超过100万人，是全球最大规模的日语考试。该考试于2010年实行改革，级别由从前4级到1级的四个阶段变为现在N5到N1的五个阶段。

Q2 关于N4

N4的难度和原日语能力考试3级相当，重点考察对基础日语的理解。譬如能够读懂由基础词汇或汉字写成的有关日常生活中身边话题的文章，或者在听一段语速较慢的日常会话时，能够大致理解其内容。

Q3 N4的考试科目

N4考试设有三个科目：①语言知识（文字・词汇）、②语言知识（语法）・阅读、③听力。详细出题内容请参阅解说（p12～）。

Q4 N4合格评定标准

通过单项得分和综合得分来评定是否合格。N4分为两个评分单项：①语言知识（文字・词汇・语法）、阅读；②听力。①的满分为120分，②的满分为60分。综合得分（①+②）的满分为180分，及格分为90分。但是，如果①的得分没有达到38分，或者②的得分没有达到19分，那么即使综合得分再高都不能视为合格。

Q5 报考流程

选择日本国内的考点，可以通过日本国际教育支援协会官网（info.jees-jlpt.jp）进行报考。选择日本以外的考点，请咨询各国考试实施机构。各国考试实施机构可以通过官网确认。

详情请参看JLPT考试官网。
https://www.jlpt.jp

Về kì thi năng lực tiếng Nhật N4 (JLPT)

Q1 Kỳ thi năng lực tiếng Nhật (JLPT) là kỳ thi như thế nào?

Đây là kỳ thi đánh giá năng lực tiếng Nhật của những người có tiếng mẹ đẻ không phải là tiếng Nhật. Kì thi này được tổ chức ở 47 tỉnh thành tại Nhật và 86 quốc gia khác (số liệu năm 2018). Hằng năm, số lượng thí sinh dự thi tăng lên, có hơn 1.000.000 người dự thi, là kì thi tiếng Nhật quy mô lớn. Gồm có 5 cấp bậc từ N5 đến N1. Trước đây thì có 4 cấp từ cấp 4 đến cấp 1, nhưng từ năm 2010 đã thay đổi cách thi, và trở thành hình thức thi như bây giờ.

Q2 N4 ở trình độ như thế nào?

N4 là cấp độ tương đương với khoảng cấp độ 3 của kỳ thi cũ, được cho là “có thể hiểu được tiếng Nhật cơ bản”. Cụ thể là cấp độ “có thể đọc và hiểu đoạn văn có đề tài gần gũi trong đời sống thường ngày được viết bằng từ vựng và chữ Hán cơ bản”, “có thể hiểu hầu hết nội dung nếu là đoạn hội thoại được nói hơi chậm trong các tình huống thường ngày”.

Q3 Trong bài thi N4 có những câu hỏi thi như thế nào?

Các môn thi gồm có 3 phần đó là ① Kiến thức ngôn ngữ (chữ viết・từ vựng), ② Kiến thức ngôn ngữ (ngữ pháp) ・đọc hiểu, ③ Nghe. Nội dung chi tiết vui lòng xem phần giải thích từ trang 12

Q4 Điểm đạt được như thế nào ?

Các môn thi khác nhau, điểm đạt được được chia thành 2 cột điểm đó là ① Kiến thức ngôn ngữ (chữ viết・từ vựng・ngữ pháp) - Đọc hiểu, ② Nghe. ① có điểm số từ 0 ~ 120 điểm, ② có điểm số từ 0 ~ 60 điểm, tổng số điểm đạt được là từ 0 ~ 180 điểm, điểm đỗ là 90 điểm. Tuy nhiên, nếu như ① không đạt 38 điểm, ② không đạt 19 điểm thì dù tổng số điểm đạt được có cao đi nữa vẫn không đậu.

Q5 Làm thế nào để đăng ký ?

Trường hợp dự thi tại Nhật Bản, có thể đăng ký từ trang web của hiệp hội hỗ trợ giáo dục quốc tế Nhật Bản (info.jees-jlpt.jp) . Việc đăng ký bằng cách gởi qua bưu điện đã được hủy bỏ. Trường hợp dự thi tại nước ngoài, có thể liên lạc với các cơ quan tổ chức kỳ thi tại các quốc gia. Có thể xác nhận thông tin các cơ quan tổ chức kì thi trên trang web chính thức.

Nội dung chi tiết vui lòng kiểm tra tại trang web.
https://www.jlpt.jp

N4 問題の構成と対策

Structure of questions and how to answer them ／问题的构成与考试对策／
Cấu trúc câu hỏi và đối sách

言語知識（文字・語彙）

もんだい1　漢字読み　7問

漢字で書かれたことばの読み方を答える。

Answer with the reading of the word written in kanji. ／选择该日语汉字的正确读音。／ Trả lời cách đọc của từ được viết bằng chữ Hán.

もんだい1　＿＿＿の　ことばは　ひらがなで　どう　かきますか。1・2・3・4から　いちばん　いい　ものを　ひとつ　えらんで　ください。

れい1　この　黒い　かばんは　やまださんのです。
　1　あかい　　2　くろい　　3　しろい　　4　あおい

れい2　なんじに　学校へ　行きますか。
　1　がこう　　2　がこ　　3　がっこう　　4　がっこ

こたえ：れい1　2、れい2　3

POINT

例1のように、読みはまったく違うけど同じジャンルのことばが選択肢に並ぶ場合と、例2のように「っ」や「゛」、長い音の有無が解答の決め手となる場合があります。例1のパターンでは、問題文の文脈からそこに入る言葉の意味が推測できることがあります。問題文は全部読みましょう。

Point: Just like in Example 1, when words whose readings are completely different even though the genre of the words is the same, checking to see if there are any っ, ゛ or elongated vowels, as in Example, 2 can be the deciding factor in answering the question. With the pattern in Example 1, the meaning of the word in the question can be surmised from the sentence pattern. Be sure to read the whole question.

要点：此类题型大致可以分为两种情况。如例1所示，4个选项虽然读音完全不同，但词汇类型相同；而例2的情况，“っ（促音）”“゛（浊音／半浊音）”，或者长音的有无通常会成为解答的决定因素。诸如例1的问题，有时可以从文脉中推测出填入空白处的词汇的意思，因此要养成做题时把问题从头到尾读一遍的习惯。

Điểm quan trọng: Có các trường hợp như các phương án lựa chọn có cách đọc hoàn toàn khác nhau nhưng lại có cùng loại từ như ví dụ 1, và cũng có trường hợp đáp án được quyết định bởi từ ngữ đó có trường âm hay không, hoặc có xúc âm「っ」hoặc「゛」hay không như ví dụ 2. Kiểu câu hỏi như ví dụ 1, có khi có thể đoán được ý nghĩa của từ vựng đó từ mạch văn của câu. Hãy đọc toàn bộ câu.

勉強法

例2のパターンでは、発音が不正確だと正解を選べません。漢字を勉強するときは、音とひらがなを結び付けて、声に出して確認しながら覚えましょう。一見遠回りのようですが、これをしておけば聴解力も伸びます。

Study Method: In the pattern in Example 2, if the pronunciation is incorrect, you will be unable to choose the correct answer. When studying kanji, try memorizing them by tying the reading to the hiragana and reading them out loud. This may seem like a roundabout way of doing things at first, but doing this will improve your listen comprehension as well.

学习方法：诸如例2的问题，如果读音不正确则无法选中正确答案。学习日语汉字时，确认该汉字的读音，并将整个词汇大声读出来，边读边记。这种方法不仅可以帮助我们高效记忆，也能够间接提高听力水平。

Phương pháp học: Trong kiểu câu hỏi như ví dụ 2, nếu bạn phát âm không chính xác sẽ không thể lựa chọn đáp án đúng. Khi học chữ Hán, hãy cùng ghi nhớ bằng cách gắn kết giữa âm thanh và chữ Hiragana, rồi thử phát âm xác nhận. Thoạt nhìn có vẻ như mình đi lòng vòng, nhưng nếu cứ luyện tập theo cách này, thì khả năng nghe của các bạn cũng sẽ tiến triển.

もんだい2　表記（ひょうき）　5問（もん）

ひらがなで書かれたことばを漢字でどう書くか答える。

Answer with the kanji for the word written in hiragana. ／选择与该假名词汇相对应的汉字。／Trả lời từ được viết bằng chữ Hiragana sẽ được viết bằng chữ Hán như thế nào.

もんだい2　＿＿＿の　ことばは　どう　かきますか。1・2・3・4から　いちばん　いい　ものを　ひとつ　えらんで　ください。

れい　らいしゅう、日本へ　行きます。

1　先週　　2　来週　　3　先月　　4　来月

こたえ：2

POINT

漢字の問題は、長く考えたら答えがわかるというものではありません。時間をかけすぎず、後半に時間を残しましょう。

Point: You will not be able to figure out the answers to kanji questions by simply thinking about them for a while. Be sure to leave some time for the latter half by not spending too much time on these questions.

要点：考查汉字的问题，即使长时间思考也不一定会得到正确答案。注意不要在此类问题上耗费过多时间，要多把时间留给后半部分。

Điểm quan trọng: Câu hỏi về chữ Hán, không phải cứ suy nghĩ thật lâu thì sẽ hiểu được câu trả lời. Các bạn đừng mất thời gian để suy nghĩ nhiều, hãy dành thời gian cho các câu hỏi phía sau.

勉強法

漢字を使った言葉の意味と音と表記をおぼえるだけでなく、以下の3つをするといいでしょう。

① 同じ漢字を使った言葉を集めて単漢字の意味をチェックする。
② 漢字をパーツで分類してグルーピングしておく。
③ 送りがなのある漢字は、品詞ごとにパターンを整理しておく。

Study Method:
Rather than just memorizing the meanings of words that use kanji and their readings and notations, try doing the following three things.
① Check the meanings of single kanji by compiling words that use the same kanji.
② Classify kanji by their radicals and arrange them in groups.

③ **For kanji that have okurigana, arrange the pattern by part of speech.**

学习方法：
学习带汉字的词汇时，在记住该词汇的意思、读音和写法的同时，也可以通过以下三种方式进行巩固和提高。
①收集使用同一个汉字的词汇，确认该汉字的意思。
②按照边旁部首将汉字进行分类，并进行分组。
③如果该词汇同时含有汉字和假名，则可以将该词汇按照词类进行分类，比如名词、动词、形容词等。

Phương pháp học:
Không chỉ nhớ ý nghĩa, cách đọc, mặt chữ của các từ vựng sử dụng Hán tự, các bạn hãy làm theo hai cách sau đây.
① Hãy thu thập những từ ngữ có sử dụng chữ Hán giống nhau, và kiểm tra ý nghĩa của từng chữ Hán đơn lập.
② Hãy tách chữ Hán thành các bộ phận, và xếp chúng thành từng nhóm.
③ Sắp xếp kiểu chữ Hán có đuôi Hiragana theo từ loại.

もんだい3　文脈規定（ぶんみゃくきてい）　8問（もん）

（　　）に入れるのにいいことばを選ぶ。

Choose the word that best fits in the (　　). ／在（　）中填入恰当的词语。／ Chọn từ phù hợp để điền vào (　　).

もんだい３（　　）に　なにを　いれますか。1・2・3・4から　いちばん　いい　ものを　ひとつ　えらんで　ください。

れい　わたしは　（　　　）　ひるごはんを　食べていません。
1　すぐ　　2　もっと　　3　もう　　4　まだ

こたえ：4

POINT

名詞、形容詞、副詞、動詞のほか、助数詞やカタカナ語の問題が出る。

Point:
There are questions about nouns, adjectives, adverbs and verb as well as counter suffixes and katakana words.

要点：
除名词、形容词、副词、动词以外，此类题型也经常考查量词和片假名词汇。

Điểm quan trọng：
Ngoài danh từ, tính từ, phó từ, động từ, còn có câu hỏi về trợ từ đếm và chữ Katakana.

勉強法

カタカナ語：カタカナ語は多くが英語に由来しています。カタカナ語の母語訳だけでなく、英語と結び付けておくと覚えやすいでしょう。「語末の“s”は「ス」（例：bus→バス）」など、英語をカタカナにしたときの変化を自分なりにルール化しておくと、初めて見る単語も類推できるようになります。
動詞・副詞：その単語だけでなく、よくいっしょに使われる単語とセットで、例文で覚えましょう。副詞は「程度」「頻度」「予想」など、意味ごとに分類しておくといいですよ。

Study Method:
Katakana vocabulary: Many katakana vocabulary words are derived from English. Learning the original meanings of katakana words and tying them to English can make them easier to learn. By coming up with your own rules about katakana vocabulary (like how words that originally ended with “s” in English end with ス in Japanese, as in bus→バス), you will even be able to figure out the meaning of words that you may be seeing for the first time.
Verbs・adjectives: Try learning words that are often used together with rather than just trying to learn single words on their own. Classifying adjectives by meanings like degree, frequencies and conjecture can be helpful.

学习方法：
片假名词汇：由于片假名词汇大多来源于英语，因此结合英语进行记忆会比较轻松。例如，“バス”来源于英语的“bus”，“s”变成了片假名的“ス”。针对此类由英语变化而成的片假名词汇，可以按照自己的方式对其进行整理和规则化，这样一来，即使是生词也能够推测出其意思。
动词、副词：除了记住该词汇本身的意思外，还要记住经常与该词汇一起使用的单词。通过例句进行记忆，可以让印象更深刻。另外，将副词按照“程度”“频率”“预测”等意思进行分组，也是一种高效的记忆方法。

Phương pháp học:
Từ vựng Katakana: phần lớn những từ viết bằng Katakana có nguồn gốc từ tiếng Anh. Cách học từ vựng Katakana thì không chỉ học nghĩa dịch từ Katakana sang tiếng mẹ đẻ, mà phải kết nối với từ tiếng Anh thì sẽ dễ nhớ hơn. Nếu như các bạn tự tạo cho mình một nguyên tắc khi chuyển đổi từ tiếng Anh sang Katakana như chữ “s” cuối từ sẽ trở thành「ス」(ví dụ：bus→バス)」...thì cho dù đó là từ lần đầu gặp đi nữa, cũng có thể đoán ra được.
Động từ, phó từ: các bạn không nên chỉ học một từ riêng biệt đó mà nên kết hợp với những từ thường được sử dụng cùng, và học cả câu ví dụ. Với phó từ thì nếu như các bạn phân loại theo ý nghĩa như "mức độ", "tần xuất", "dự báo" thì sẽ dễ học.

もんだい4　言い換え類義　4問

＿＿＿の語や表現と意味が近い語や表現を選ぶ。

Choose the word or expression close in meaning to the word or expression in the ＿＿＿. ／选择与＿＿＿部分意思相近的选项。／ Chọn từ và cách diễn đạt có ý nghĩa gần với từ và cách diễn đạt trong ＿＿＿.

もんだい4　＿＿＿の　ぶんと　だいたい　おなじ　いみの　ぶんが　あります。1・2・3・4から　いちばん　いい　ものを　ひとつ　えらんで　ください。

れい　この　へやは　きんえんです。

1　この　へやは　たばこを　すっては　いけません。
2　この　へやは　たばこを　すっても　いいです。
3　この　へやは　たばこを　すわなければ　いけません。
4　この　へやは　たばこを　すわなくても　いいです。

こたえ：1

POINT

まず4つの選択肢の異なっている部分を見て、最初の文の対応している部分と比べる。共通している部分はあまり気にしなくてよい。

Point: First, look at what is different about the four choices, then compare how they answer the first sentence. Do not worry about any parts that they may have in common.

要点：首先观察4个选项不同的部分，并与下划线句子中相对应的部分进行比较。选项中相同的部分则不必太在意。

Điểm quan trọng: Trước tiên, xem phần khác nhau của 4 lựa chọn, so sánh với phần tương ứng trong câu đầu tiên. Bạn không cần quan tâm đến phần chung cũng được.

勉強法

よくいっしょに使われる単語とセットで、単語の意味をおぼえていれば大丈夫。また、「〜する」という形の動詞は、言い換えられるものが多いので、セットでおぼえておきましょう。例：「会話する」＝「話す」

Study Method: It is okay to learn the meaning of vocabulary words by learning them as sets with other words that they are often used with. Furthermore, it is common for substitute verbs to be used in place of verbs in 〜する form, so it is best to learn them in sets. Ex.:「会話する」＝「話す」

学习方法：记住该词汇以及经常与该词汇一起使用的单词的意思。另外，"〜する"形式的动词通常情况下都会有其相近的说法，最好一起记下来。例：「会話する」=「話す」

Phương pháp học: Hãy nhớ ý nghĩa của từ vựng trong tổ hợp từ vựng mà từ đó thường hay đi kèm thì sẽ không có vấn đề gì. Ngoài ra, động từ có hình thức "〜 する" thường có nhiều từ thay thế nên hãy ghi nhớ theo bộ. れい：「会話する」＝「話す」

もんだい5　用法（ようほう）　4問（もん）

問題の語を使った文として、いちばんいい文を選ぶ。

Choose the best sentence that uses the word in the question. ／选择正确使用了该词汇的句子。／
Chọn câu phù hợp nhất như là câu sử dụng từ trong câu hỏi.

もんだい5　つぎの　ことばの　つかいかたで　いちばん　いい　ものを　1・2・3・4から　ひとつ　えらんで　ください。

（れい）　こたえる

1　かんじを　大きく　こたえて　ください。
2　本を　たくさん　こたえて　ください。
3　わたしの　はなしを　よく　こたえて　ください。
4　先生の　しつもんに　ちゃんと　こたえて　ください。

こたえ：4

勉強法

単語の意味を知っているだけでは答えられない問題もあります。語彙をおぼえるときは、いつどこで使うのか、どんな単語といっしょに使われるか、などにも注意しておぼえましょう。

Study Method: There are questions that you cannot answer by just knowing the meanings of the vocabulary words.When learning vocabulary words, be mindful of when and where they are used and what words they are used with.

学习方法：此类题型，有些问题只知道词汇的意思是无法选中正确答案的。学习词汇时，要注意该词汇什么时候用在什么地方，和什么样的词语一起使用。

Phương pháp học: Có những dạng câu hỏi nếu chỉ biết ý nghĩa của từ vựng thì không thể trả lời được. Khi học từ vựng, cần phải chú ý đến các điểm như sử dụng ở đâu, khi nào, được sử dụng cùng với từ vựng nào v.v.

言語知識（文法）・読解

もんだい1　文の文法 1（文法形式の判断）　13問

文の中の（　　　）に入れるのにいちばんいいことばを選ぶ。

Choose the word that fits bests in the（　　）in the sentence. ／在（　）中填入最恰当的词语。／Chọn từ phù hợp nhất để điền vào (　) trong câu.

> **もんだい1　（　　）に　何を　入れますか。1・2・3・4から　いちばん　いい　ものを　一つ　えらんで　ください。**
>
> 例　あした　京都（　　　）　行きます。
>
> 　1　を　　2　へ　　3　と　　4　の
>
> **こたえ：2**

POINT

文法問題と読解問題は時間が分かれていない。読解問題に時間をかけられるよう、文法問題は早めに解くこと。わからなければ適当にマークして次へ進むとよい。ただし、会話形式の問題など、全部読まないと答えを導き出せない問題もある。問題文は全部読むこと。

Point: Time is not divided by grammar questions and reading comprehension questions. Answer the grammar questions quickly so you will have time to spend on the reading comprehension questions. If you do not know the answer, just take a guess and move on to the next question. However, there are some questions, like conversation questions, where you will not be able to find the answer unless you read all of the question. Be sure to read through the whole question.

要点：语法和阅读不会分开计时。必须为阅读部分确保足够的时间。因此语法问题要尽早解答。如果遇到不会做的题，可以随便选择一个选项然后进入下一题。但是，譬如对话形式的问题，如果不把问题看完就无法知道正确答案。因此要养成将问题从头到尾看一遍的习惯。

Điểm quan trọng: Đề thi ngữ pháp và đề thi đọc hiểu thì không chia thời gian cụ thể. Để có thời gian giải các câu hỏi đọc hiểu, hãy giải các câu hỏi ngữ pháp thật nhanh. Trong trường hợp không hiểu, cứ đánh dấu câu hỏi đó theo cách mình dễ nhận biết, rồi tiếp tục làm bài thi. Tuy nhiên, cũng có câu hỏi nếu không đọc toàn bộ thì không thể tìm ra câu trả lời như câu hỏi hình thức hội thoại v.v. Bạn phải đọc toàn bộ đoạn văn của câu hỏi.

勉強法

文法項目ごとに、自分の気に入った例文を1つおぼえておきましょう。その文法が使われる場面のイメージを持つこと、いっしょに使われる言葉もおぼえることが大切です。

Study Method: Try learning one example sentence that you like for each grammar point. It is important to visualize settings where that grammar is used and to learn what words are used with it.

学习方法：每个语法项目，都可以通过记忆一个自己喜欢的例句来进行学习。要弄清楚该语法在什么时候什么样的情况下使用，也就是说要对使用该语法的场景形成一个整体印象。同时，还要记住该语法中经常出现的词汇。

Phương pháp học: Mỗi điểm ngữ pháp, hãy thuộc lòng một câu ví dụ mà mình thích nhất. Quan trọng là hình dung được ngữ cảnh sử dụng mẫu ngữ pháp đó và phải nhớ cả từ vựng được sử dụng chung.

もんだい2　文の文法2（文の組み立て）　4問

文にある4つの＿＿＿にことばを入れ、＿★＿に入る選択肢を答える。

Figure out what words go in the four ＿＿＿, then choose the word that goes in ＿★＿. ／将 4 个选项进行排序以组成正确的句子，在＿★＿填入相对应的数字。／ Điền từ vựng vào 4＿＿＿ trong câu và chọn câu trả lời để điền vào＿★＿.

もんだい2　＿★＿に　入る　ものは　どれですか。1・2・3・4から　いちばん　いい　ものを　一つ　えらんで　ください。

（問題例）

木の　＿＿＿　＿＿＿　＿★＿　＿＿＿　います。

1　が　　2　に　　3上　　4ねこ

こたえ：4

POINT

＿＿＿だけでなく、文全体を読んで話の流れを理解してから、ペアが作れる単語を探して、文を組み立てていく。たいていは**2**番目か**3**番目の空欄が＿★＿だが、違うこともあるので注意。

Point: When answering questions, be sure to read the entire question, not just the part that goes in the blanks, to understand the flow of the sentence. Usually, the third blank is filled with a star (＿★＿), but there are times when it is in a different blank, so be careful.

要点：不要只看＿＿＿的部分，阅读全文，了解文章的整体走向后再进行作答。有些选项可以互相组成词组，且大多数情况下＿★＿会出现在第 2 或者 3 个空白栏处，但也有例外，要注意。

Điểm quan trọng:Không chỉ xem ở phần ＿＿＿, mà phải đọc toàn đoạn văn, lý giải mạch câu chuyện rồi tìm từ vựng mà hai người có thể tạo ra để sắp xếp câu. Thông thường, ở chỗ trống thứ 2 hoặc thứ 3 là chỗ trống điền＿★＿, tuy nhiên lưu ý cũng có khi nằm ở vị trí khác.

勉強法

文型の知識が問われる問題だけでなく、長い名詞修飾節を適切な順番に並べ替える問題も多く出ます。名詞修飾が苦手な人は、日ごろから、母語と日本語とで名詞修飾節の位置が違うことに注意しながら、長文を読むときに文の構造を図式化するなどして、文の構造に慣れておきましょう。

Study Method: There are many questions that will test not only your knowledge of sentence patterns, they will also see if you are able to correctly reorder long noun modifiers. For learners who have trouble with noun modifiers, try getting used to sentence structures by regularly making diagrams of sentence structures when reading long passages while being mindful that the order of noun modifiers in Japanese may be different from those in your own language.

学习方法：此类题型不仅会出现考查句型知识的问题，也会出现很多需要将一长段名词修饰成分按照恰当的顺序排列的问题。不擅长名词修饰的人，平时要注意母语和日语中名词修饰成分所处位置的不同；同时，在阅读较长的句子时，可以通过将句子的结构图式化等方法，以习惯句子的结构。

Phương pháp học: Không chỉ các câu hỏi về kiến thức mẫu câu, mà còn có nhiều câu hỏi sắp xếp thứ tự thích hợp của các mệnh đề danh từ bổ ngữ dài. Những người yếu về mệnh đề danh từ bổ ngữ, hằng ngày nên lưu ý sự khác nhau giữa vị trí của mệnh đề danh từ trong tiếng Nhật và tiếng mẹ đẻ, và khi đọc những câu văn dài, hãy biểu đồ hóa cấu trúc của câu, làm quen với cấu trúc câu.

もんだい3　文章(ぶんしょう)の文法(ぶんぽう)　4問(もん)

文章の流れに合った表現を選択肢から選ぶ。

Choose the expression that best fits the flow of the passage. ／阅读短文，选择符合文章大意的选项。／ Chọn cách diễn đạt phù hợp với mạch văn từ các lựa chọn.

もんだい3 [れい1] から [れい4] に　何を　入れますか。文章(ぶんしょう)の　意味(いみ)を　考(かんが)えて、1・2・3・4から　いちばん　いい　ものを　一つ　えらんで　ください。

大学の　思い出

わたしは　1年前に　大学を　そつぎょうした。大学生の　ときは、じゅぎょうには [れい1] と思って　いたが、その　考えは　まちがって　いた。先生の　話を　聞き、しつもんできる　チャンスは、社会に　出たら　ない。[れい2] を　して　いた　時間を、今は　とても　ざんねんに　思う。[れい3] 友人は　たくさん　できた。今でも　その　友人たちとは　よく　会って、いろいろな　話を　する。これからも　友人たちを [れい4] と　思って　いる。

れい1　1　行かなくても　いい　　2　行ったら　よかった
　　　3　行ったほうが　いい　　4　行かない　だろう

れい2　1　あのこと　　2　そんな　生活　　3　この　勉強　　4　どういうもの

れい3　1　だから　　2　しかし　　3　そのうえ　　4　また

れい4　1　大切に　したい　　2　大切に　したがる
　　　3　大切に　させる　　4　大切に される

こたえ：れい1　1、れい2　2、れい3　2、れい4　1

POINT

以下の2種類の問題がある。

①接続詞：下記のような接続詞を入れる。空欄の前後の文を読んでつながりを考える。

- 順接：だから、すると、それで、それなら
- 逆接：しかし、でも、けれども
- 並列：また
- 添加：それに、そして、それから
- 選択：または、それとも
- 説明：なぜなら
- 転換：ところで
- 例示：たとえば
- 注目：とくに

②文中表現・文末表現：助詞や文型の知識が問われる。前後の文の意味内容を理解し、付け加えられた文法項目がどのような意味を添えることになるか考える。

Point:
These are the two types of questions:
①Conjunctions: Include conjunctions like those listed below. Think about how they connect to the words that come before and after the blank.
・Tangent conjunctions: だから、すると、それで、それなら
・Contradictory conjunctions: しかし、でも、けれども
・Parallel conjunctions: また
・Additional conjunctions: それに、そして、それから
・Selective conjunctions：または、それとも
・Explanative conjunctions：なぜなら
・Transition conjunctions：ところで
・Illustrative conjunctions: たとえば
・Notice conjunctions: とくに
②Mid-sentence expressions・end-of-sentence expressions: There are questions on the conjugation of particles and sentence pattern knowledge. Understand the meaning of the previous and following sentences and consider how the accompanying grammar points add to the meaning.

要点：
此类题型会出现以下2种问题。
①接续词：考查下列接续词的用法。阅读空格前后的句子，并思考相互间的联系。
・顺接：だから、すると、それで、それなら
・逆接：しかし、でも、けれども
・并列：また
・添加：それに、そして、それから
・选择：または、それとも
・说明：なぜなら
・转换话题：ところで
・举例：たとえば
・注目：とくに
②文中表达・文末表达：考查助词的用法或者句型知识。理解前后文的内容，思考选项中所使用的语法项目会赋予该选项什么样的意思。

Điểm quan trọng:
Có 2 loại câu hỏi như sau
①Liên từ: Là những câu hỏi điền những liên từ như sau đây. Đọc câu văn phía trước và sau ô trống suy nghĩ đến sự liên kết.
・Liên từ chỉ quan hệ nguyên nhân kết quả: だから、すると、それで、それなら
・Liên từ chỉ quan hệ đối lập: しかし、でも、けれども
・Liên từ chỉ quan hệ song song: また
・Liên từ chỉ quan hệ nối tiếp: それに、そして、それから
・Lựa chọn：または、それとも
・Giải thích：なぜなら
・Đổi đề tài：ところで
・Liên từ chỉ ví dụ: たとえば
・Liên từ nhấn mạnh: とくに
②Những cách diễn đạt trong câu và những cách diễn đạt cuối câu: thường hỏi về trợ từ và kiến thức về mẫu câu. Lý giải nội dung ý nghĩa của câu văn trước và sau, suy nghĩ xem mẫu ngữ pháp thêm vào mang thêm ý nghĩa như thế nào.

勉強法

①接続詞：上記の分類をおぼえておきましょう。また、日頃から文章を読むときは、接続詞に線を引き、前後の文章のつながりを考えながら読むようにしましょう。
②文末表現・文中表現：日ごろから文法項目は例文ベースで覚えておくと役に立ちます。

Study Method:
①Contractions: Learn the classifications shown above. Also, when regularly reading passages, try to be aware of the connections with the passages that come before and after it.
②End-of-sentence expressions・mid-sentence expressions: It may be helpful to learn grammar points through their example sentences.

学习方法：
① 接续词：记住以上分类并加以练习。另外，平时阅读文章时，可以把接续词标出来，然后思考前后文的联系。
② 文中表达・文末表达：语法不仅需要靠平时的积累，如何学习也是非常重要的。通过例句学习和记忆语法，不失为一种有效的学习方法。

Phương pháp học:
① Liên từ: Hãy học thuộc lòng cách phân chia như ở trên. Ngoài ra, thường ngày, khi đọc đoạn văn, bạn hãy tập thói quen gạch chân các liên từ, vừa đọc vừa suy nghĩ về sự kết nối với các đoạn trước và sau.
② Những cách diễn đạt trong câu và những cách diễn đạt cuối câu: những điểm ngữ pháp trong cuộc sống hằng ngày nếu thuộc lòng theo những câu ví dụ cơ bản sẽ hữu ích.

もんだい4　内容理解（短文）　3問

100 ～ 200 字程度のテキストを読んで、内容に関する選択肢を選ぶ。

Read the 100 to 200-character text and choose the answer that relates to the passage. ／阅读 100 ～ 200 字的短文，选择符合文章内容的选项。／ Đọc bài đọc khoảng 100 ~ 200 chữ và chọn câu liên quan đến nội dung.

POINT

メールやお知らせなどを含む短い文章を読み、文章の主旨や下線部の意味を選ぶ問題。質問を読んで、問われている部分を本文中から探し出し、印をつけて、選択肢と照らし合わせる。

Point: In these questions, you must read a passage that includes an email or notice and then choose the main point or meaning of the underlined section. Read the question and look for the section being asked about in the main passage.

要点：此类题型经常出现邮件或通知等简短的文章，考查对文章主旨的理解或者对下划线部分进行提问。认真阅读问题，在文章中找出与提问内容相对应的部分并将其标出，然后判断正确答案。

Điểm quan trọng: Là câu hỏi đọc đoạn văn ngắn bao gồm e-mail, thông báo v.v. để chọn chủ đề của đoạn văn và ý nghĩa của phần gạch chân. Đọc câu hỏi, tìm phần được hỏi từ trong đoạn văn và đánh dấu, đối chiếu với các lựa chọn.

もんだい5　内容理解（中文）3問×1

450 字程度の文章を読んで、内容に関する選択肢を選ぶ。

Read the 450-character passage and choose the answer based on the content of the passage. ／阅读450字左右的文章，选择符合文章内容的选项。／ Đọc đoạn văn khoảng 450 chữ và chọn câu liên quan đến nội dung.

POINT

下線部の意味を問う問題が出たら、同じ意味を表す言い換えの表現や、文章中に何度も出てくるキーワードを探す。下線部の前後にヒントがある場合が多い。

Point:
When there are questions that ask the meaning of the underlined section, look for rephrasings and expressions that mean the same thing or keywords that frequently appear throughout the passage. Hints can often be found before or after the underlined section.

要点：
对于这种就下划线部分的意思进行提问的问题，可以找出表示相同意思的替换表达、或者文章中反复出现的关键词。大多数情况下，可以从下划线部分的前后文找到提示。

Điểm quan trọng:
Nếu câu hỏi hỏi về ý nghĩa của từ gạch dưới thì hãy tìm từ chìa khóa xuất hiện nhiều lần trong đoạn văn hoặc những mẫu câu được hiển thị bằng cách nói khác nhưng thể hiện cùng một ý nghĩa. Trong nhiều trường hợp, từ gợi ý nằm phía trước hoặc sau từ gạch dưới.

勉強法

まずは、全体をざっと読むトップダウンの読み方で大意を把握し、次に問題文を読んで、下線部の前後など、解答につながりそうな部分をじっくり見るボトムアップの読み方をするといいでしょう。日ごろの読解練習でも、まずざっと読んで大意を把握してから、丁寧に読み進めるという2つの読み方を併用してください。

Study Method: First read the whole passage to understand the overall meaning using a top-down approach, then read the question and carefully look for parts before and after the blank that might relate to the answer using a bottom-up approach. Even for your regular reading comprehension practice, use two forms of reading by first skimming through the passage to get a general idea of what it is about, then reading it again more carefully.

学习方法：首先，粗略地阅读整篇文章，用自上而下的方法来把握文章大意；然后阅读问题，并仔细观察下划线部分前后的语句等，用自下而上的方法仔细阅读与解答相关的部分。在日常的阅读训练中，要有意识地并用“自上而下”和“自下而上”这两种阅读方法，先粗略阅读全文，把握文章大意后，再仔细阅读。

Phương pháp học: Trước hết các bạn nên nắm bắt đại ý của đoạn văn bằng cách đọc lướt toàn bài văn từ trên xuống, kế tiếp đọc câu hỏi, rồi sau đó đọc theo cách đọc từ dưới lên tìm thật kỹ những phần liên quan đến câu trả lời những phần trước và sau của phần gạch chân. Trong quá trình luyện đọc hiểu hằng ngày các bạn cũng nên luyện cả hai cách đọc, đầu tiên cũng đọc lướt để nắm bắt đại ý, sau đó đọc cẩn thận để tìm ra câu trả lời.

もんだい6　情報検索(じょうほうけんさく)　2問(もん)

広告、パンフレットなどのなかから必要な情報を探し出して答える。

Read passages from things like advertisements, pamphlets and find the relevant information. ／从广告、宣传单中读取必要信息并回答问题。／ Tìm các thông tin cần thiết từ quảng cáo, tập san v.v. để trả lời.

POINT

何かの情報を得るためにチラシなどを読むという、日常の読解活動に近い形の問題。質問に含まれる日時や料金など問題を解く手がかりになるものには下線を引き、表やチラシの該当する部分を丸で囲むなどすると、答えが見えてくる。また、表の外側やチラシのはじにある注意書きに重要なヒントが書かれていることがあるので、必ずチェックすること。

Point: This is a question that has you read leaflets to find information and are similar to everyday forms of reading activities. Doings things like underlining clues like the times and prices and circling relevant information in charts and flyers can help you figure out the answer. Also, there may be important hints hidden in the notes written outside of charts or at the beginning of flyers, so be sure to check these too.

要点：日常生活中，人们常常为了获取信息而阅读传单等宣传物品，因此，此类题型与我们日常的阅读活动非常相近。此类题型经常会对日期、时间以及费用进行提问。认真读题，在与解题线索有关的句子下画线，然后在表格或宣传单中找到并标出与之相对应的部分，这样的话答案就会一目了然。此外，宣传单等的开头或结尾部分所记载的注意事项中往往含有重要信息，一定要注意。

Điểm quan trọng: Đây là hình thức câu hỏi thi gần với hình thức hoạt động đọc hiểu trong cuộc sống hằng ngày như đọc những tờ rơi quảng cáo để có được thông tin nào đó. Gạch chân các phần là chìa khóa để giải đề như ngày giờ, giá tiền v.v. được bao gồm trong câu hỏi, khoanh tròn các phần tương ứng trong bảng biểu, tờ rơi v.v. thì bạn sẽ tìm thấy câu trả lời. Ngoài ra, có khi những gợi ý quan trọng được viết trong các lưu ý ở ngoài bảng biểu hay góc tờ rơi nên bạn nhất định hãy kiểm tra những chỗ đó.

聴解（ちょうかい）

POINT

聴解は、「あとでもう一度考えよう」と思わず、音声を聞いたらすぐに答えを考えて、マークシートに記入する。

Point: On the listening comprehension section, do not think that you will be able to come back to consider the answer later. Instead, think of the answer as soon as you hear the question and fill it out on the answer sheet.

要点：听力部分，不要总想着"我待会再思考一遍"，听的同时就要思考答案，然后立刻填写答题卡。

Điểm quan trọng: Trong phần nghe, các bạn không được nghĩ rằng "để lúc sau mình sẽ suy nghĩ lại lần nữa", mà hãy nghe rồi lập tức suy nghĩ trả lời và điền vào phiếu chọn câu trả lời.

勉強法

聴解は、読解のようにじっくり情報について考えることができません。わからない語彙があっても、瞬時に内容や発話意図を把握できるように、たくさん練習して慣れましょう。とはいえ、やみくもに聞いても聴解力はつきません。話している人の目的を把握したうえで聞くようにしましょう。また、聴解力を支える語彙・文法の基礎力と情報処理スピードを上げるため、語彙も音声で聞いて理解できるようにしておきましょう。

Study Method: Like with reading comprehension, listening comprehension will not allow you time to carefully read and consider all of the information in the question. If there are vocabulary words you do not know, practice a lot to get used to them so you can instantly grasp the meaning of the passage. That being said, you will not just suddenly be able to improve your listening comprehension. Try listening while understanding the objective of the person speaking. Furthermore, in order to improve your vocabulary and grammar which supports listening comprehension skills as well as your foundational abilities and information processing speed, be sure to learn to listen to the vocabulary and understand what is being said.

学习方法：听力无法像阅读那样仔细地进行思考。即使有不懂的词汇，也要做到能够瞬间把握对话内容和表达意图，所以大量的练习非常重要。话虽如此，没头没脑地听是无法提高听力水平的。进行听力训练的时候，要养成把握说话人的目的的习惯。另外，词汇、语法和信息处理速度是听力的基础，因此在学习词汇时，可以边听边学，这也是一种间接提高听力水平的方法。

Phương pháp học: Môn nghe thì không thể suy nghĩ về thông tin một cách kỹ càng như đọc hiểu. Hãy tạo cho mình thói quen luyện tập nắm bắt nội dung và ý đồ phát ngôn ngay lập tức cho dù có những từ vựng mình không hiểu đi nữa. Cho dù là nói như vậy, nhưng nếu cứ nghe một cách mò mẫm thì cũng không thể nâng cao khả năng nghe được. Hãy cố gắng nghe sau khi nắm bắt mục đích của người nói. Ngoài ra, hãy cố gắng nghe từ vựng bằng âm thanh, và hiểu được từ vựng đó để gia tăng vốn từ vựng và ngữ pháp hỗ trợ cho khả năng nghe, và tốc độ xử lý thông tin.

もんだい1　課題理解　8問

2人の会話を聞いて、ある課題を解決するのに必要な情報を聞き取る。

Listen to conversations and try to pick out information needed to resolve a given topic. ／听两个人的对话，听取解决某一课题所需的信息。／ Lắng nghe hội thoại của 2 người và nghe lấy thông tin cần thiết để giải quyết vấn đề.

もんだい1では、まず　しつもんを　聞いて　ください。それから　話を　聞いて、もんだいようしの　1から4の　中から、いちばん　いい　ものを　一つ　えらんで　ください。

じょうきょうせつめい（Explanation of the situation ／场景描述／ Giải thích tình huống）としつもんを聞く

▼

かいわを聞く

▼

もう一度しつもんを聞く

▼

答えをえらぶ

🔊 女の人と男の人が電話で話しています。女の人はこのあとまず何をしますか。

🔊 F：もしもし。今、駅前の郵便局の前にいるんだけど、ここからどうやって行けばいいかな？

M：郵便局か。そこから大きな茶色いビルは見える?

F：うん、見えるよ。

M：信号を渡って、そのビルの方へ歩いてきて。ビルの横の道を2分くらい歩くとコンビニがあるから、その前で待っていて。そこまで迎えに行くよ。

F：うん、わかった。ありがとう。

M：うん、じゃあまたあとで。

🔊 女の人はこのあとまず何をしますか。

1　ゆうびんきょくの　前で　まつ
2　ちゃいろい　ビルの　中に　入る
3　コンビニで　買いものを　する
4　しんごうを　わたる

答え：4

POINT

質問をしっかり聞き、聞くべきポイントを絞って聞く。質問は「（このあとまず）何をしますか。」「何をしなければなりませんか」というものが多い。「○○しましょうか。」「それはもうしたのでだいじょうぶ。」などと話が二転三転することもよくあるので注意。

Point : Listen carefully to the question and try to single out the important points. There are many questions that ask "（このあとまず）何をしますか" or "何をしなければなりませんか" . Many conversations may have two or even three twists, as in "○○しましょうか。" or "それはもうしたのでだいじょうぶ。", so be careful.

要点：仔细听问题，并抓住重点听。问题几乎都是"（このあとまず）何をしますか。""何をしなければなりませんか"这样的形式。对话过程中话题会反复变化，因此要注意"○○しましょうか。""それはもうしたのでだいじょうぶ。"这样的语句。

Điểm quan trọng: Hãy nghe kỹ câu hỏi, nghe và nắm bắt những điểm quan trọng cần phải nghe. Câu hỏi hầu như là những câu kiểu "(từ bây giờ, trước tiên) sẽ làm gì?", "phải làm gì?". Cần lưu ý kiểu câu hỏi này thường có cách nói qua nói lại như "○○しましょうか。(Tôi làm ~ cho bạn nhé!)", "それはもうしたのでだいじょうぶ。 (Cái đó thì tôi đã làm rồi nên không cần đâu.)" v.v.

もんだい2　ポイント理解　7問

2人、または1人の話を聞いて、話のポイントを聞き取る。

Listen to the monologue or conversation between two people and try to pick out the main point. ／听两个人或者一个人的会话，听取整段会话的要点。／ Lắng nghe câu chuyện của 2 người hoặc 1 người để nghe được các điểm quan trọng trong câu chuyện.

もんだい2では、まず　しつもんを　聞いて　ください。そのあと、もんだいようしを　見て　ください。読む　時間が　あります。それから　話を　聞いて、もんだいようしの　1から4の中から、いちばん　いい　ものを　一つ　えらんで　ください。

じょうきょうせつめい（Explanation of the situation ／场景描述／ Giải thích tình huống）としつもんを聞く

▼

もんだいの1～4を読む

▼

話を聞く

▼

もう一度しつもんを聞く

▼

答えをえらぶ

🔊 女の人と男の人が話しています。女の人は、結婚式で何を着ますか。

（約20秒間）

🔊 F：明日の友だちの結婚式、楽しみだな。
M：そうだね。何を着るか決めたの？
F：本当は着物を着たいんだけど、一人じゃ着られないし、動きにくいんだよね。
M：そうだね。
F：それで、このピンクのドレスにしようと思ってるんだけど、どうかな。
M：うーん、これだけだと寒いと思うよ。
F：そうかな。じゃあ、この黒いドレスはどう？　これは寒くないよね。
M：そうだけど、短すぎない？
F：そう？　短いほうがおしゃれでしょう。決めた。これにする。

🔊 女の人は、結婚式で何を着ますか。

1　ピンクの　きもの
2　くろい　きもの
3　ピンクの　ドレス
4　くろい　ドレス

こたえ：4

POINT

質問文を聞いたあとに、選択肢を読む時間がある。質問と選択肢から内容を予想し、ポイントを絞って聞くこと。「いつ」「だれ」「どこ」「なに」「どうして」など、具体的な情報を問う質問が多い。

Point: After listening to the question passage, you will have time to read the answer choices. There are many questions that ask detailed information like when, who, where, what and why.

要点：听完问题后，会有时间阅读选项。从问题和选项预测接下来要听的内容，并抓住重点听。问题经常会问到譬如“什么时候”“谁”“哪里”“什么”“为什么”这样的具体信息。

Điểm quan trọng: Sau khi nghe câu hỏi, có thời gian cho bạn đọc các lựa chọn đáp án. Bạn có thể đoán nội dung từ các lựa chọn đáp án và câu hỏi, sau đó nghe nắm bắt các ý chính. Thường là câu hỏi hỏi các thông tin cụ thể như “khi nào?”, “ai?”, “ở đâu?”, “cái gì?”, “tại sao?” v.v.

もんだい3　発話表現　5問

イラストを見ながら、状況説明を聞いて、最もいい発話を選ぶ。

Look at the illustration, listen to the explanation of the situation and choose the most fitting utterance. ／看插图并听录音，选择最适合该场景的表达。／ Vừa xem tranh minh họa vừa nghe giải thích tình huống để chọn câu thoại phù hợp nhất.

もんだい3では、えを　見ながら　しつもんを　聞いて　ください。→（やじるし）の　人は　何と　言いますか。1から3の　中から、いちばん　いい　ものを　一つ　えらんで　ください。

イラストを見る

▼

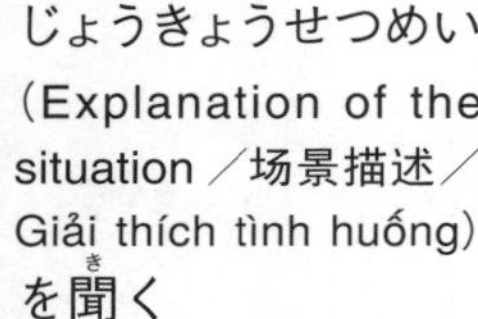

▼

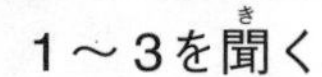

▼

答えをえらぶ

🔊 友だちに借りた本にアイスクリームを落としてしまいました。何と言いますか。

1　本を汚してしまって、ごめんね。
2　本が汚れそうで、ごめんね。
3　本が汚れたみたいで、ごめんね。

こたえ：1

POINT

最初に流れる状況説明と問題用紙に描かれたイラストから、場面や登場人物の関係をよく理解したうえで、その状況にふさわしい伝え方、受け答えを考える。

Point: Once you understand the relationship between the characters and the setting from the explanation that plays in the beginning and the illustrations on the question form, think of how best to convey this and respond to the question in a way that best fits the situation.

要点：根据最初播放的状况说明以及插图，在理解对话场景或者登场人物的关系的基础上，思考适合该场合的传达和应答方式。

Điểm quan trọng: Sau khi lý giải mối quan hệ giữa những người xuất hiện và ngữ cảnh từ tranh minh họa được vẽ trên đề thi và phần giải thích tình huống được nghe ban đầu, chúng ta hãy suy nghĩ cách truyền đạt, cách trả lời thích hợp với tình huống đó.

もんだい4　即時応答　8問

質問、依頼などの短い発話を聞いて、適切な答えを選ぶ。

Listen to the short conversation about things like a question or a request and choose the most suitable answer. ／听一句简短的提问或者请求，选择最适合的应答。／ Lắng nghe câu thoại ngắn như câu hỏi, nhờ cậy v.v. để chọn câu trả lời phù hợp.

もんだい4では、えなどが　ありません。まず　ぶんを　聞いて　ください。それから、その　へんじを　聞いて、1から3の　中から、いちばん　いい　ものを　一つ　えらんで　ください。

しつもんなどを聞く

▼

1～3を聞く

▼

答えをえらぶ

おみやげのお菓子です。ひとつどうぞ。

1　わあ、いただきます。
2　いえ、どういたしまして。
3　たくさん食べてくださいね。

こたえ：1

勉強法

問題3と4には、挨拶や、日常生活でよく使われている依頼、勧誘、申し出などの表現がたくさん出てきます。日頃から注意しておぼえておきましょう。文型についても、読んでわかるだけでなく、耳から聞いてもわかるように勉強しましょう。

Study Method: In questions 3 and 4, there are many expressions such as greetings and commonly encountered expressions for making requests, invitations and proposals. Be careful of this. Study hard so that you will be able to recognize sentence patterns not only when you read them, but also when you hear them.

学习方法：在问题3和4中，会出现很多寒暄语，也会出现很多日常生活中经常使用的请求、劝诱、提议等表达。如果平时用到或者听到这样的话语，就将它们记下来吧。句型也一样，不仅要看得懂，也要听得懂。

Phương pháp học: Ở câu hỏi 3 và 4, xuất hiện nhiều câu chào hỏi và cách diễn đạt thường được sử dụng trong đời sống hằng ngày như nhờ cậy, rủ rê, đề nghị v.v. Chúng ta hãy cùng lưu ý và ghi nhớ mỗi ngày nhé. Liên quan đến mẫu câu, chúng ta không chỉ đọc và hiểu, mà chúng ta phải học để có thể nghe để hiểu.

時間の目安 Time guide ／时间分配／ Ước lượng thời gian

試験は時間との戦いです。模試を解くときも、時間をきっちりはかって解きましょう。
下記はだいたいの目安です。

Examinations are a battle against time. Be sure to carefully measure your time, even when taking practice examinations. Below are approximate guides.
考试就像在和时间赛跑。在做模拟试题时也要好好计时。大致的时间分配请参照下表。
Thi là một cuộc chiến với thời gian. Ngay cả khi giải đề thi thử, bạn cũng hãy canh giờ thật rõ ràng để giải đề.Bảng dưới đây là bảng ước lượng thời gian làm bài.

分＝minute ／分／ phút、秒＝second ／秒／ giây

言語知識（文字・語彙）25分

問題 Question ／问题／ Câu hỏi	問題数 # of questions ／问题数／ Số lượng câu hỏi	かける時間の目安 Approx. time to spend ／ 大题时间分配／ Mục tiêu thời gian	1問あたりの時間 Time per question ／ 小题时间分配／ Thời gian cho từng câu hỏi
もんだい1	7問	3分	20秒
もんだい2	5問	2分	20秒
もんだい3	8問	6分	40秒
もんだい4	4問	4分	40秒
もんだい5	4問	8分	2分

言語知識（文法）・読解　55分

問題	問題数	かける時間の目安	1問あたりの時間
もんだい1	13問	7分	30秒
もんだい2	4問	5分	1分
もんだい3	4問	10分	2分
もんだい4	3問×4文	12分	短文1つ（1問）が4分
もんだい5	3問×1文	8分	中文1つ（3問）が8分
もんだい6	2問×1文	8分	情報検索1つ（2問）が8分

聴解　35分

※日本語能力試験N4は、2020年度第2回試験より、試験時間および問題数の目安に一部変更がありました。上記問題数と目安時間は2023年現在の試験内容に基づいたものです。最新の情報は日本語能力試験のWebサイト（https://www.jlpt.jp/）をご覧ください。
※本書は変更前の試験内容に沿って制作していますので、一部問題数が異なります。

第1回　解答・解説

Answers・Explanations／解答・解说／Đáp án・giải thích

ごうかくもし　かいとうようし

N4 げんごちしき（もじ・ごい）

第1回

じゅけんばんごう Examinee Registration Number		なまえ Name	

〈ちゅうい　Notes〉

1. くろいえんぴつ（HB、No.2）でかいてください。
   Use a black medium soft (HB or No.2) pencil.
   （ペンやボールペンではかかないでください。）
   (Do not use any kind of pen.)
2. かきなおすときは、けしゴムできれいにけしてください。
   Erase any unintended marks completely.
3. きたなくしたり、おったりしないでください。
   Do not soil or bend this sheet.
4. マークれい Marking Examples

よいれい Correct Example	わるいれい Incorrect Examples
●	⊗ ✓ ○ ◎ ⊜ ⦶ ●

もんだい1	
1	① ② ● ④
2	● ② ③ ④
3	① ● ③ ④
4	● ② ③ ④
5	● ② ③ ④
6	① ② ● ④
7	① ② ● ④
8	● ② ③ ④
9	① ② ● ④
もんだい2	
10	① ● ③ ④
11	① ② ● ④
12	● ② ③ ④
13	① ● ③ ④
14	① ② ● ④
15	① ② ● ④

もんだい3	
16	① ② ③ ●
17	● ② ③ ④
18	① ● ③ ④
19	① ② ③ ●
20	① ● ③ ④
21	① ② ● ④
22	① ② ③ ●
23	① ● ③ ④
24	● ② ③ ④
25	① ② ● ④
もんだい4	
26	① ● ③ ④
27	① ② ● ④
28	● ② ③ ④
29	① ② ● ④
30	● ② ③ ④

もんだい5	
31	① ② ③ ●
32	① ② ③ ●
33	● ② ③ ④
34	● ② ③ ④
35	① ② ③ ●

ごうかくもし　かいとうようし

N4 げんごちしき（ぶんぽう）・どっかい

第1回

じゅけんばんごう Examinee Registration Number		なまえ Name	

〈ちゅうい　Notes〉

1. くろいえんぴつ（HB、No.2）でかいてください。
   Use a black medium soft (HB or No.2) pencil.
   （ペンやボールペンではかかないでください。）
   (Do not use any kind of pen.)
2. かきなおすときは、けしゴムできれいにけしてください。
   Erase any unintended marks completely.
3. きたなくしたり、おったりしないでください。
   Do not soil or bend this sheet.
4. マークれい Marking Examples

よいれい Correct Example	わるいれい Incorrect Examples
●	⊗ ✓ ◯ ◎ ⊜ ⦶ ●

もんだい1				
1	1	●	3	4
2	1	●	3	4
3	1	●	3	4
4	1	2	●	4
5	●	2	3	4
6	●	2	3	4
7	1	●	3	4
8	1	2	3	●
9	1	2	●	4
10	●	2	3	4
11	1	2	3	●
12	●	2	3	4
13	1	●	3	4
14	1	2	3	●
15	1	2	●	4

もんだい2				
16	1	2	●	4
17	●	2	3	4
18	1	●	3	4
19	●	2	3	4
20	1	2	3	●

もんだい3				
21	●	2	3	4
22	1	2	●	4
23	1	2	3	●
24	●	2	3	4
25	1	●	3	4

もんだい4				
26	1	●	3	4
27	1	2	●	4
28	1	●	3	4
29	1	2	●	4

もんだい5				
30	1	2	3	●
31	1	●	3	4
32	1	2	3	●
33	●	2	3	4

もんだい6				
34	1	2	3	●
35	●	2	3	4

ごうかくもし　かいとうようし

N4 ちょうかい

第1回

じゅけんばんごう Examinee Registration Number		なまえ Name	

〈ちゅうい　Notes〉

1. くろいえんぴつ（HB、No.2）でかいてください。
   Use a black medium soft (HB or No.2) pencil.
   （ペンやボールペンではかかないでください。）
   (Do not use any kind of pen.)
2. かきなおすときは、けしゴムできれいにけしてください。
   Erase any unintended marks completely.
3. きたなくしたり、おったりしないでください。
   Do not soil or bend this sheet.
4. マークれい Marking Examples

よいれい Correct Example	わるいれい Incorrect Examples
●	⊗ ✓ ○ ◎

もんだい1

れい	①	②	③	●
1	①	②	●	④
2	①	②	③	●
3	●	②	③	④
4	①	②	●	④
5	●	②	③	④
6	①	②	③	●
7	①	②	●	④
8	①	●	③	④

もんだい2

れい	①	②	③	●
1	①	②	③	●
2	①	②	●	④
3	①	②	●	④
4	●	②	③	④
5	①	●	③	④
6	①	●	③	④
7	●	②	③	④

もんだい3

れい	●	②	③
1	①	●	③
2	●	②	③
3	①	●	③
4	①	②	●
5	●	②	③

もんだい4

れい	●	②	③
1	●	②	③
2	①	●	③
3	①	②	●
4	●	②	③
5	①	②	●
6	①	②	●
7	①	●	③
8	●	②	③

第1回　採点表（Scoring Chart ／评分表／ Bảng chấm điểm）

		配点 Allocation of points ／ 分数分配／ Thang điểm	正答数 Number of correct answers ／正答数／ Số câu trả lời đúng	点数 Number of points ／ 得分／ Số điểm đạt được
もじ・ごい	もんだい1	1点×9問	／ 9	／ 9
	もんだい2	1点×6問	／ 6	／ 6
	もんだい3	1点×10問	／10	／10
	もんだい4	1点×5問	／ 5	／ 5
	もんだい5	1点×5問	／ 5	／ 5
ぶんぽう	もんだい1	1点×15問	／15	／15
	もんだい2	2点×5問	／ 5	／10
	もんだい3	2点×5問	／ 5	／10
どっかい	もんだい4	5点×4問	／ 4	／20
	もんだい5	5点×4問	／ 4	／20
	もんだい6	5点×2問	／ 2	／10
	ごうけい	120点		／120

		配点	正答数	点数
ちょうかい	もんだい1	3点×8問	／ 8	／24
	もんだい2	2点×7問	／ 7	／14
	もんだい3	3点×5問	／ 5	／15
	もんだい4	1点×8問	／ 8	／ 8
	ごうけい	61点		／61

60点になるように計算してみましょう。

Try calculating so it adds up to 60 points. ／以60分满分为基准计算得分吧。／ Hãy thử tính sao cho đạt 60 điểm.

□点÷61×60＝□点

※この採点表の配点は、アスク出版編集部が問題の難易度を判断して独自に設定しました。

*The point allocations for these scoring charts were established independently by the editors at Ask Publishing based on their assessment of the difficulty of the questions.

*此评分表的分数分配是由ASK出版社编辑部对问题难度进行评估后独自设定的。

*Thang điểm của bảng chấm điểm này do Ban Biên tập Nhà xuất bản ASK thiết lập riêng, dựa trên đánh giá độ khó dễ của đề thi.

※日本語能力試験N4は、2020年度第2回試験より、試験時間および問題数の目安に一部変更がありました。最新の情報は日本語能力試験のWebサイト（https://www.jlpt.jp/）をご覧ください。

言語知識（文字・語彙）

もんだい1

1 3 しなもの
品物：goods／商品／hàng hóa

2 1 にゅうがく
入学：school enrollment／入学／nhập học
2 入国：entry into a country／入国，入境／nhập quốc
3 入試：entrance examination／入学考试／dự thi
4 入院：hospitalization／住院／nhập viện

3 2 かよって
通う：to commute to／来往，往返／đi lại
3 向かう：to face／前往，朝着／hướng đến
4 通る：to pass through／通过／thông qua

4 1 こうぎょう
工業：industry／工业／công nghiệp

5 1 しゅっぱつ
出発：departure／出发／xuất phát

6 3 うんどう
運動：exercise／运动／vận động

7 3 しめて
閉める：to close／关，关闭／đóng
1 止める：to stop／停，停止／dừng lại
2 決める：to decide／决定／quyết định
4 やめる：to cease／停止，放弃／bỏ, dừng, thôi

8 1 みち
道：road／道路／đường
2 橋：bridge／桥／cầu
3 家：house／家／nhà
4 国：country／国家／đất nước

9 3 えいが
映画：movie／电影／phim

もんだい2

10 2 借ります
借りる：to borrow／借用／mượn, vay
1 貸す：to lend／借出／cho vay, cho mượn
4 持つ：to hold／持，拿／cầm, nắm, có

11 3 音楽
音楽：music／音乐／âm nhạc

12 1 待って
待つ：to wait／等，等待／đợi, chờ
2 持つ：to hold／持，拿／cầm, nắm, có

13 2 火事
火事：fire／火灾／hỏa hoạn
3 家事：housework／家务／việc nhà
4 事故：accident／事故／tai nạn, sự cố

14 3 急いで
急ぐ：to hurry／加快，赶紧／vội, gấp

15 3 気分
気分：mood／心情／tinh thần
4 気持ち：feeling／感觉，感受／tâm trạng

もんだい3

16 4 ぬって

ぬる：to paint ／涂，抹／ bôi, thoa, sơn

1 する：to do ／做／ làm
2 濡れる：to get wet ／湿，湿润／ ướt
3 乗る：to ride ／搭乘／ lên (tàu, xe), cưỡi

17 1 ひさしぶりに

久しぶりに：first time in a while ／隔了很久／ bao lâu nay

2 将来：future ／将来／ tương lai
3 これから：from now ／今后，从现在起／ từ bây giờ, từ nay
4 今度：this/next time ／这次，下次／ kỳ này, lần này

18 2 みなと

港：harbor ／港口／ bến cảng

1 空港：airport ／机场／ sân bay
3 町：town ／城镇／ thị trấn, con phố
4 駅：train station ／车站／ nhà ga

19 4 しゅみ

趣味：hobby ／爱好／ sở thích

1 習慣：habit ／习惯／ thói quen, tập quán
2 興味：interest ／兴趣／ hứng thú
3 約束：promise ／约定／ hẹn
※趣味＝好きである
興味＝関心（interest ／感兴趣／ có quan tâm）を持つ

20 2 かたづけて

片付ける：to clean up ／收拾，整理／ dọn dẹp

1 消す：to erase ／抹去，消除／ xóa
3 比べる：to compare ／比，比较／ so sánh
4 並べる：to line up ／摆，排列／ sắp xếp

21 3 おつり

おつり：change (for a purchase) ／找零，零钱／ tiền thừa

1 レシート：receipt ／收据／ hóa đơn, biên lại
2 お札：monetary note ／钱，纸币／ tiền giấy
4 財布：wallet ／钱包／ ví

22 4 まじめ

まじめ：earnest ／认真／ nghiêm túc

1 たいへん：greatly ／很，非常／ rất, vô cùng
2 ぴったり：closely ／恰好／ vừa vặn, vừa khớp
3 ゆっくり：slowly ／慢／ thong thả, chầm chậm

23 2 こわかった

怖い：scary ／害怕／ sợ

1 うれしい：happy ／高兴，愉快／ vui sướng, mừng
3 さびしい：lonely ／寂寞／ buồn
4 はずかしい：embarrassing ／羞耻，难堪／ xấu hổ

24 1 よやく

予約：reservation ／预约／ sự đặt trước, sự hẹn trước

2 予報：forecast ／预报／ sự dự báo
3 予想：expectation ／预想，预测／ sự dự báo, linh cảm, tiên đoán
4 予定：plans ／预定／ dự định

25 3 やっと

やっと：at last ／终于／ cuối cùng thì

1 ちっとも…ない：not even a little ... ／一点也不…／ một tí...cũng không
2 確か：certain ／似乎／ chắc là
4 必ず：without exception ／一定，必定／ nhất định

もんだい4

26 2 さいきん、家に　あまり　いません。

るす：being away from home ／不在家／vắng nhà

家をるすにする＝家にいない

3 呼ぶ：to call ／叫，叫来／kêu, gọi

4 遊ぶ：to play ／玩，玩耍／chơi

27 3 きょうの　テストは　やさしかったです。

簡単＝やさしい：simple ／简单／đơn giản, dễ

1 複雑：complex ／复杂／phức tạp

2 大変：greatly ／很，非常／vất vả, khó khăn

4 難しい：difficult ／难／khó

28 1 くるまが　こわれました。

故障：breakdown ／故障／hư, hỏng

壊れる：to break ／坏／hư, hỏng

2 汚れる：to get dirty ／脏，变脏／bẩn

3 動く：to move ／动，移动／chuyển động

4 止まる：to stop ／停，停止／ngưng, dừng

29 3 いま　たばこを　すって　いません。

やめる：to quit ／停止，放弃／bỏ, từ bỏ

たばこをやめる＝たばこを吸わない

1 始める：to begin ／开始／bắt đầu

2 買う：to buy ／买／mua

30 1 よく　べんきょうします。

一生懸命：with all one's might ／拼命，努力／cố gắng hết sức

よく…する：to often do ... ／经常…／thường hay…

2 あまり…しない：to not do ... so often ／不怎么…／không…lắm

3 少し…する：to do ... a little ／稍微…／… một tí

4 ほとんど…しない：to not really do ... at all ／几乎不…／hầu như…không

もんだい5

31 4 なつやすみに　友だちと　はなびたいかいを　けんぶつしました。

見物：watching ／观赏／tham quan

1 大学で経済を勉強しています。

勉強：studying ／学习／việc học

2 昨日、工場を見学しました。

見学：study by observation ／参观学习／tham quan với mục đích học tập

32 4 日本には　兄が　いますから、あんしんです。

安心：peace of mind ／安心，放心／yên tâm

3 事故が起きてとても心配です。

心配：worry ／担心／sự lo lắng

33 1 やさいを　こまかく　きって　ください。

細かい：detailed ／细小，零碎／nhỏ, vụn, tỉ mỉ

2 彼の家はとてもせまいです。

せまい：narrow ／狭窄／hẹp

3 そのえんぴつは細いですね。

細い：slim ／细／thon dài, mảnh mai

4 私の兄はとても足が小さいです。

小さい：small ／小／nhỏ

34 1 水に　ぬれて、かみが　やぶれました。

破れる：to get torn ／破／rách

2 台風で、木が倒れました。

倒れる：to fall over/down ／倒，倒下／ngã, đổ nhào

3 コップが落ちて、割れました。

割れる：to crack ／破碎／vỡ, nứt

4 いすを投げたら、壊れました。

壊れる：to be broken ／坏／ hỏng, hư

35 **4 ジョンさんを　サッカーに　さそいます。**

誘う：to invite ／邀请／ mời mọc, rủ rê

1 毎日 1 時間、ゲームをします。

する：to do ／做／ chơi

2 春になると、さくらが咲きます。

咲く：to bloom ／花开，绽放／ nở

3 雨が降ったら、傘をさします。

さす：to put up (an umbrella) ／撑（伞）／ che dù, che ô

第1回

文字・語彙

文法

読解

聴解

言語知識（文法）・読解

◆文法

もんだい1

1 2 で

名詞（noun／名词／danh từ）＋で：材料・道具・方法・手段を表す。

れい このカップはガラスでできています。[材料（ingredient／材料／chất liệu）]

えんぴつで名前を書きます。[道具（tool／道具／dụng cụ）]

アニメで日本語を勉強します。[方法（method／方法／cách thức, phương tiện）]

電車で学校に通っています。[手段（means／手段／phương tiện）]

2 2 なら

名詞（noun／名词／danh từ）＋なら：主題を提示する（to indicate the subject／提示主題／chỉ ra chủ đề）。

れい お茶なら、あたたかいのがおいしいです。

3 2 のに

～のに：even though ~／明明都…／vậy mà

れい 30分も待っていたのに、まだ料理が来ていない。

4 3 行こう

～（よ）うと思っている＝～たいとずっと考えている

れい 夏休みに富士山にのぼろうと思っている。

□旅行：travel／旅游／du lịch

5 1 だけ

～だけ：just ~／只…／chỉ~

れい コンビニでパンだけ買った。

3 しか…ない：only ~／仅…／chỉ ~

れい 晩ごはんはパンしか食べなかった。

6 1 でも

名詞（noun／名词／danh từ）＋でも：ほかにもあるが…。

れい のどがかわいたので、ジュースでも飲みましょう。

7 2 はず

～はず：expected to ~／应该…／chắc chắn là

れい あしたのパーティーに先生も行くはずです。

8 4 やさしそうな

～そう：seemingly ~／看上去…／trông có vẻ

※い形容詞（adjective／い形容词／tính từ I）は［い形容詞~~い~~］の形を使う。

れい おいしそう：looks delicious／看上去很好吃／trông có vẻ ngon

さびしそう：looks lonely／看上去很寂寞／trong có vẻ buồn

大変そう：looks tough／看上去很费劲／trông có vẻ vất vả

9 3 やすい

～やすい：ある［動作（action／动作／dễ~）］が簡単に行えること。

れい 飲みやすい　やりやすい

10 1 ねたほうがいい

～たほうがいい：you should ~／最好…／nên~

れい ごはんをちゃんと食べたほうがいいよ。

□風邪を引く：to catch a cold／感冒／bị cảm

□くすりを飲む：to take medicine／吃药，喝药／uống thuốc

11 **4 飲まされたんです**
「飲まされる」は「飲む」の［使役受身形 (causative passive form／使役被动形／hình thức bị động sai khiến)］。
□顔色：complexion／脸色／sắc mặt

12 **1 なるといいです**
～といい＝～たらいい
れい　今度の冬休みはお母さんに会えるといいですね。
(＝今度の冬休みはお母さんに会えたらいいですね。)

13 **2 手伝ってくれて**
～てくれる：do ~ for me／为我做…／ai đó làm ~cho mình
れい　彼氏はケーキを作ってくれました。
4 ～てあげる：to do ~ for someone／为他人做…／mình làm ~cho ai đó
れい　彼女にケーキを作ってあげました。

14 **4 したり、したり**
～たり～たりする：いくつかの［行為 (act／行为／nào là ~ nào là)］の中から、例をあげる。
れい　あそこにいる人たちは食べたり飲んだりしています。

15 **3 読んでいません**
まだ読んでいない：いまの状態 (current condition／当前的状态／trạng thái bây giờ)
まだ読まない：いま読む意思がない (one does not intend to read it now／现在没有看的意思／bây giờ không có ý định đọc)

もんだい2

16 **3**
電気を　2けさないで　4かぎを　3あけた　1まま　出かけてしまいました。
～たまま：状態が続いていること。(a situation is ongoing.／表示状态的持续。／hiển thị trạng thái đang tiếp diễn.)

17 **1**
あとですてるから、4ごみを　2あつめて　1おいて　3ください。
～ておく：ある目的のために、前もって何かをする。

18 **2**
家を　1出よう　4と　2した　3ときに、急に雨がふってきました。
～（よ）うとしたときに：when one tried to ~／正要…的时候／đang định~

19 **1**
いいですね。2弟も　4つれて　1いって　3いいですか。
□連れていく：to take someone along／带着去／dẫn đi

20 **4**
私は父　2に　3お酒　1を　4やめて　ほしいと思っています。
（人）に（もの）をやめてほしい：to want (someone) to stop (something)／希望某人停止或放弃做某事／muốn ai đó từ bỏ điều gì đó

もんだい3

21 **1 が**
「上手」の前の助詞は「が」になる。
れい　私の姉は歌うのが上手です。

第1回　文字・語彙　文法　読解　聴解

22 3 作らなくなりました

あまり…ない：not really ... ／不怎么…／không ~ lắm

～なる：[状態の変化（change in a situation／状态的变化／hiển thị sự thay đổi của trạng thái)] を表す。

23 4 だから

だから：because ／所以／ Vì thế

1 そんなに：that much ／那么（表示程度，数量）／đến như thế

2 たとえば：for example ／比如／ ví dụ

3 けれども：however ／然而，但是／ tuy nhiên

24 1 作れるようになりました

～ようになる：[変化（change ／变化／ hiển thị sự thay đổi)] を表す。

難しかった→ケーキを作る練習をした→おいしいケーキが作れた

25 2 と

～と、…：～のときは、いつも…になる

れい　おばあさんの家に行くと、おいしい料理が食べられる。

◆ 読解

もんだい4

(1) 26 2

> ～たのしい夏まつり～
>
> 日時 ：7月15日（土）
>
> 15時～20時
>
> 場所 ：あおば公園
>
> 夏まつりに行く人は、14時に駅に集まってください。公園に自転車をおく場所がありませんから、電車などを使ってください。
>
> 雨がふったら、夏まつりは7月22日（土）になります。
>
> あおば日本語学校
>
> 7月1日

夏まつりに行きたい人は、7月15日の14時に、電車などを使って、駅に行ってから公園に行く。

覚えよう

□集まる：to gather ／集合／ tập hợp, tập trung

(2) 27 3

> 私の家はいなかにあります。1**デパートや映画館がある町まで、車で2時間くらいかかりますし**、2**おしゃれなお店やレストランもあまりありません**。だから、子どものとき、私はいなかが好きではありませんでした。でも、大人になって、3**このいなかが少しずつ好きになってきました。いなかにはいいところがたくさんあることに気がついたからです**。4**いなかは町ほど便利じゃないですが**、静かだし、水や野菜もとてもおいしいです。私はいなかが大好きです。

1 デパートや映画館がある町まで遠いので、子どものときはいなかが好きではなかった

2 おしゃれなお店やレストランはあまりない

3 ○

4 町のほうが便利

□いなか：countryside ／乡下，农村／ miền quê, quê nhà

□おしゃれ（な）：fashionable ／时髦的，时尚的／ sang, sành điệu

□（に）気がつく／気づく：to realize ／注意到，意识到／ nhận ra

(3) **28** **2**

図書館を利用される方へ

➢ 1読み終わった本は、受付に渡してください。

➢ 机やいすを使ったら、必ず片付けてください。2ゴミは持って帰ってください。

➢ 本をコピーするときは、3受付に言ってから、コピーをしてください。

➢ 図書館の中で、4次のことをしないでください。

・食べたり飲んだりすること

・4写真を撮ること

さくら大学図書館

1 本を読み終わったら、受付に渡す

2 ○

3 受付に言ったら、コピーできる

4 写真を撮ってはいけない

覚えよう

□読み終わる：to finish reading ／阅读完毕／ đọc xong

□渡す：to hand over ／交给／ trao

□片付ける：to clean up ／收拾，整理／ dọn dẹp

(4) **29** **3**

キムさん

こんにちは。

1今、キムさんは韓国にいると聞きました。2私は23日から27日まで、韓国に行こうと思っています。もし、キムさんの都合がよかったら、夜に一緒に食事でもしませんか。3キムさんが食事に行ける日を教えてくれたら、4私がレストランを予約しておきます。韓国でキムさんに会えるのを、とても楽しみにしています。

田中

1 田中さんは、キムさんが韓国いることを知っている

2 韓国に行くのは田中さん

3 ○

4 田中さんがレストランを予約する

覚えよう

□都合がいい：convenient ／方便／ tiện, thuận tiện

□予約：reservation ／预约／ đặt trước, hẹn trước

もんだい5

30 4　**31** 2　**32** 4　**33** 1

> 私は2年前に日本に来ました。日本は、コンビニやスーパーがたくさんあって便利だし、とても生活しやすい国だと思いました。
>
> でも、①残念なことがあります。それは、ゴミがとても多いことです。町の中を歩いていると、ゴミはほとんどなくて、どこもきれいですが、**30 日本で生活していると、たくさんゴミが出ます**。例えば、おかしを買ったとき、おかしの箱を開けたら、**32 おかしが一つひとつビニールの袋に入っていました**。一つおかしを食べると、ゴミが一つ増えてしまいます。この前、スーパーでトマトを買ったら、**32 プラスチックの入れ物にトマトがおいてあって、ビニールでつつんでありました**。家に帰って、料理をすると、**31 プラスチックの入れ物も、ビニールも、全部ゴミになります**。だから、②私の家のゴミ箱はすぐにプラスチックのゴミでいっぱいになってしまいます。
>
> 確かに③そうすると、おかしやトマトはきれいだし、1人で生活する人に便利です。でも、私はおかしやトマトを一つひとつビニールの袋に入れたり、プラスチックの入れ物に入れたりする必要はないと思います。プラスチックやビニールの袋を使わなかったら、(　　　)。

30 日本で生活していると、ゴミがたくさん出る→残念だと思う

32 食べ物をビニールやプラスチックでつつむ→おかしやトマトがきれいに、生活が便利になる

31 食べ物がプラスチックやビニールでつつまれている→プラスチックやビニールのゴミが増える

33 プラスチックやビニールを使わない→ゴミが減る

覚えよう

- □残念：regrettable／遗憾，可惜／đáng tiếc
- □ビニール：plastic／塑料／ni lông
- □プラスチック：plastic／塑料／nhựa
- □入れ物：container／容器／đồ đựng
- □つつむ：to wrap／包，裹／gói, bao
- □いっぱい：full／满满的，很多／đầy
- □確かに：certainly／确实，的确／chính xác là
- □必要：necessary／必要／cần thiết

もんだい6

34 4　**35** 1

> わくわくカルチャーセンター
>
> 5月は、6つの教室があります。
>
> 先生がやさしく教えてくれるので、初めての人も心配しないでください。

☆5月のスケジュール

	料金※1	場所	持ち物	時間
①バスケットボール※2	無料	体育館	飲み物 タオル	月曜日 34 18:00 ～ 19:30 金曜日 34 19:00 ～ 20:30
②水泳	500円	プール	水着・タオル 水泳帽子	木曜日 10:00 ～ 11:00 17:00 ～ 18:00
③茶道	100円	和室	なし	火曜日 10:00 ～ 11:30
④パン作り	300円	調理室	エプロン タオル	34 土曜日 10:00 ～ 12:00
⑤ピアノ	100円	教室1	なし	木曜日 17:00 ～ 18:00
⑥ギター	無料	教室2	なし	水曜日 10:00 ～ 12:00 14:00 ～ 15:00

※1　料金はそれぞれの教室の先生に払ってください。

※2　35 バスケットボールをしたあとは、必ず体育館をそうじしてください。

初めてわくわくカルチャーセンターに参加する人は、受付で名前と電話番号を書いてください。

教室を休むときは、下の電話番号に電話してください。

わくわくカルチャーセンター

電話：0121-000-0000

34　18時から始まる教室は①バスケットボール、土曜日にやっている教室は④パン作り

35　バスケットボール教室が終わったら、体育館をそうじしなければならない

覚えよう

□料金：fee／费用／ tiền cước, phí, tiền thù lao

□払う：to pay／支付／ trả

□参加〈する〉：to participate／参加／ tham gia

聴解

もんだい1

れい　4　N4_1_03

女の人と男の人が電話で話しています。女の人はこのあとまず何をしますか。

F：もしもし。今、駅前の郵便局の前にいるんだけど、ここからどうやって行けばいいかな？

M：郵便局か。そこから大きな茶色いビルは見える?

F：うん、見えるよ。

M：信号を渡って、そのビルの方へ歩いてきて。ビルの横の道を2分くらい歩くとコンビニがあるから、その前で待っていて。そこまで迎えに行くよ。

F：うん、わかった。ありがとう。

M：うん、じゃあまたあとで。

女の人はこのあとまず何をしますか。

1ばん　3　N4_1_04

会社で男の人と女の人が話しています。男の人は、カメラをどうしますか。

M：田中さん、このカメラ使う？　ぼくはもう使い終わったから、どうぞ。

F：あ、実は、別のカメラを貸してもらったから、大丈夫です。ありがとうございます。

M：そうなんだ。じゃあ、どこにしまえばいいかな。棚に置いておけばいい?

F：棚の上に箱があるので、その箱に入れていただけますか。

M：うん、わかった。

F：あ、**そういえば、さっき、山田さんがカメラを使いたいって言っていましたよ。**

山田さんが午後にカメラを使いたいので、カメラを山田さんに渡す。

第1回

文字・語彙　文法　読解　聴解

M：そうなんだ。

F：**今日の午後に写真を撮ると言っていたから、すぐ渡したほうがいいと思います。**

M：うん、わかった。

男の人は、カメラをどうしますか。

～たほうがいい：[アドバイスや意見（advice or opinion／建议或意见／sử dụng khi nó lên ý kiến, lời khuyên）] を言うときに使う。

覚えよう

□しまう：to put away／收起来／cất
□棚：shelf／架子／kệ
□そういえば：now that you mention it／那么一说／nếu nói vậy thì~
□すぐ：right away／立刻，马上／ngay lập tức
□渡す：to hand over／交给／trao

2ばん　4　　N4_1_05

スーパーで男の人が女の人に電話しています。男の人は何を買って帰りますか。

M：今スーパーにいるんだけど、何かいる？

F：そうだな、ア**アイスクリームが食べたいな。**

M：わかった。あ、牛乳が安くなってるよ。

F：イ**昨日買っちゃったから、いらないよ。**あ、そうだ、おいしそうな魚、ある？

M：残念ながら、ウ**魚は全部売れちゃって、置いていないよ。**朝ごはんに食べるパンはいる？

F：そうね、エ**今朝全部食べちゃったから、お願い。**

M：わかった。

男の人は何を買って帰りますか。

ア　アイスクリーム：女の人が食べたいから、買う

イ　牛乳：昨日買った

ウ　魚：全部売れちゃった

エ　パン：全部食べちゃったから、買う

覚えよう

□いる：to need／需要／cần
□残念ながら：unfortunately／很遗憾／thật đáng tiếc
□全部売れちゃった：sold all of them／都卖光了／đã bán hết toàn bộ
□全部食べちゃった：ate all of it／都吃光了／đã ăn hết toàn bộ

3ばん　1

N4_1_06

大学で、先生が話しています。レポートはどうやって出さなければなりませんか。

M：この授業のレポートの締め切りは今月の25日です。20日から25日まで、**1私の研究室の前に箱を置いておくので、その箱に入れてください**。最近、**2メールでレポートを送る人がいますが、その場合、レポートは受け取りません**。また、レポートをなくしてしまうかもしれないので、**3私に直接渡すのもやめてください**。25日をすぎたら、研究室の前の箱を片付けます。**4締め切りをすぎたら、私に相談しても、絶対に受け取りません**から、その時はあきらめてください。

レポートはどうやって出さなければなりませんか。

1　○

2　メールで送ってはいけない

3　先生に直接渡してはいけない

4　締め切りをすぎたら、先生に相談しても受け取ってもらえない

覚えよう

- □レポート：report ／报告／ báo cáo
- □締め切り：deadline ／截止期限／ hạn chót
- □場合：case ／情况／ trường hợp
- □受け取る：to accept ／接受／ nhận
- □直接：direct ／直接／ trực tiếp
- □渡す：to hand over ／交给／ trao,nộp
- □やめる：to quit ／停止，放弃／ ngưng, từ bỏ
- □すぎる：to exceed ／过／ quá
- □片付ける：to clean up ／收拾／ dọn dẹp
- □相談〈する〉：to consult ／商量／ thảo luận
- □絶対に：absolutely ／绝对／ tuyệt đối
- □あきらめる：to give up ／放弃／ từ bỏ

4ばん　3

N4_1_07

学校で男の人と女の人が話しています。男の人は、このあと何をしますか。

M：あ、佐藤さん。もう帰るの？

F：図書館に本を返したら帰ろうと思ってるんだ。

M：そうなんだ。今から駅前の喫茶店に行くんだけど、**1一緒に行かない？**

1　女の人と一緒に喫茶店へ行く

F：え、あそこの喫茶店？ 1**ずっと行きたいと思ってた**。

M：1**よかった。じゃあ、行こう**。

F：うん、先に図書館に本を返しに行ってくるから、3**この教室で待ってて**。

M：2**一緒に図書館に行こうか**？

F：2**ううん、すぐ終わるから、大丈夫**。

M：わかった。

男の人は、このあと何をしますか。

1 女の人と一緒に喫茶店へ行く

3 ○

2 女の人が一人で図書館に本を返しに行く

4 「本を読む」という話はしていない

覚えよう

□ずっと：the whole time ／一直／ luôn

□先に：ahead of ／先，首先／ trước

5ばん 1

N4_1_08

電話で男の人と女の人が話しています。男の人は、このあとまず何をしますか。

M：もしもし、佐藤さん。今どこ？

F：今、駅に着いたところだよ。

M：そうか。実は電車に乗り遅れちゃって、バスで行くことにしたんだ。

F：そうなんだ。あとどのくらいかかるの？

M：うーん、そうだなあ…次のバスが10分後に来るから、そのバスに乗って…。

F：**ここまでバスで何分かかるか、バスに乗る前にちゃんと調べてみてよ**。わかったらまた電話して。

M：うん、わかった。

F：それまで本屋で待ってるよ。

M：うん、ごめんね。

男の人は、このあとまず何をしますか。

バスに乗る前に、まず時間を調べる。

覚えよう

□乗り遅れる：to miss (a train, bus) ／没赶上（电车，巴士等）／ lỡ tàu
□かかる：to take (time, money) ／耗费（时间，金钱）／ mất, tốn
□調べる：to look up ／查／ tra

6ばん　4

N4_1_09

お店の人と男の人が電話で話しています。男の人は、いつお店に行きますか。

F：お電話ありがとうございます。「日本料理　さくら」です。

M：あのー、1 今日7時に予約していた田中と申します。すみません、日にちを変えたいんですが、明日の6時は空いてますか。

F：少々お待ちください。…申し訳ありません、2 明日の6時はもう予約がいっぱいなので…。

M：そうですか。8時はどうですか。

F：3 8時ですね。6名様分のお席ならご用意できますが。

M：3 うーん、8人なんです。

F：でしたら、4 あさっての6時はいかがでしょうか。8名様分のお席をご用意できます。

M：あ、4 じゃあその日にお願いします。

F：かしこまりました。

男の人は、いつお店に行きますか。

1　今日の7時を予約したが、これから日にちを変える
2　明日の6時はもう予約がいっぱいになっている
3　明日の8時は8人分の席がない
4　○

覚えよう

□予約〈する〉：to reserve ／预约／ đặt trước
□日にち：date ／日期／ ngày giờ
□変える：to change ／改变，变更／ thay đổi
□空く：to get empty ／空，有座位／ trống
□いっぱい：full ／满满的／ đầy
□～名様分 ：for ~ number of people ／…人份／ phần của ~ người
□席 ：seat ／席位，座位／ ghế
□用意〈する〉：to prepare ／准备／ chuẩn bị

7ばん　3　　N4_1_10

会社で男の人と女の人が話しています。女の人はこれから何をしなければなりませんか。

M：会議お疲れさま。会議室の掃除、お願いできるかな？

F：はい。**1もう机といすは片付けてしまいましたから**、あとはゴミを捨てるだけです。

M：ありがとう。**2ぼくがゴミを捨てに行くから**、**3加藤さんはあそこのコップを洗っておいてくれる？**

F：はい。あ、会議室のカギは閉めておいたほうがいいでしょうか。

M：**4会議室はまだ使う人がいるみたいだから、そのままでいいと思うよ。**

F：そうなんですか。知らなかったから、机といすを片付けてしまいました。

M：いいよ、いいよ。気にしないで。じゃあ、よろしく。

女の人はこれから何をしなければなりませんか。

1　机といすの片付けはもう終わった

2　男の人はゴミを捨てる

3　○

4　会議室のカギを閉めなくてもいい

覚えよう

□片付ける：to clean up／收拾，整理／dọn dẹp

□捨てる：to throw away／扔／vứt

□カギ：lock／锁／khóa

□そのまま：as it is／照原样／cứ để vậy

□気にする：to worry about／介意，担心／bận tâm

8ばん　2　　N4_1_11

女の人と男の人が話しています。男の人はゴミをどうしますか。

F：すみません、ゴミのことなんですが…。

M：えっ？　ゴミ？　今日は月曜日だからプラスチックのゴミを出す日ですよね？

F：今日は月曜日ですが、休みなのでゴミを集めないんです。**だからプラスチックのゴミは明日出さなきゃいけないんですよ。**

M：あ、すみません。間違えてしまって…。

火曜日にゴミを出す

F：ゴミ捨て場に置いたままにしないでくださいね。猫やカラスが来て、汚しちゃうんです。

M：はい。すみません。

F：気をつけてくださいね。

男の人はゴミをどうしますか。

ゴミを持って帰らなければいけない。

置いたままにする：to leave lying (on the ground) ／置之不理／không thể không mang rác về nhà. Quyết định bỏ mặc như thế

覚えよう

□プラスチック：plastic ／塑料／ nhựa
□ゴミを出す：to take out the trash ／扔垃圾／ vứt rác
□集める：to gather ／收集，集中／ thu thập
□間違える：to mistake ／弄错／ nhầm
□ゴミ捨て場 ：garbage dump ／垃圾场／ chỗ vứt rác, bãi rác
□カラス：crow ／乌鸦／ quạ
□汚す：to make dirty ／弄脏／ làm bẩn
□気をつける：to be careful ／注意，小心／ chú ý

もんだい2

れい　4　　N4_1_13

女の人と男の人が話しています。女の人は、結婚式で何を着ますか。

F：明日の友だちの結婚式、楽しみだな。

M：そうだね。何を着るか決めたの？

F：本当は着物を着たいんだけど、一人じゃ着られないし、動きにくいんだよね。

M：そうだね。

F：それで、このピンクのドレスにしようと思ってるんだけど、どうかな。

M：うーん、これだけだと寒いと思うよ。

F：そうかな。じゃあ、この黒いドレスはどう？　これは寒くないよね。

M：そうだけど、短すぎない？

F：そう？　短いほうがおしゃれでしょう。決めた。これにする。

女の人は、結婚式で何を着ますか。

1ばん　4 　N4_1_14

学校で先生と男の子が話しています。男の子はどうして遅刻してしまいましたか。

F：田中くん、また今日も遅刻ですよ。

M：すみません、先生。

F：どうしたの？　朝早く起きられないの？

M：いいえ、毎日９時に寝て、６時に起きています。

F：じゃあ、学校に間に合うじゃない。もしかして、朝からテレビを見たりしてるんじゃない？

M：してません。**実は犬を飼い始めていて、毎朝散歩に行くんです。**すごく楽しくて、つい時間を忘れちゃって…。

F：そうだったの。でも、時間は守らなくてはだめだよ。

男の子はどうして遅刻してしまいましたか。

「～んです」は「～のです」の話しことば。［自分の事情や理由 (one's own circumstances or reason／自身的缘故或者理由／sử dụng khi muốn nói lý do, tình hình của bản thân)］を話したいときに使う。

覚えよう

- □遅刻：lateness／迟到／trễ, muộn
- □間に合う：to make it in time／赶得上，来得及／kịp
- □実は：actually／其实／sự thực là
- □飼う：to own／养，饲养／nuôi, chăn nuôi
- □つい：unintentionally／不知不觉地／vô tình, tự nhiên
- □時間を忘れる：to lose track of time／忘了时间／quên thời gian
- □守る：to protect／遵守／giữ

2ばん　3

🔊N4_1_15

学校で男の人と女の人が話しています。男の人はいつごはんを食べに行きますか。

M：あー、お腹すいた。

F：中山くん、まだごはん食べてないの？　私、たった今ごはん食べてきたところだよ。誘えばよかったね。

M：レポートが終わったら、食べに行こうと思ってたんだ。レポートは書き終わったから、今からごはん、食べに行こうかな。

F：今どのお店も混んでると思うよ。もう少ししてから食べに行ったほうがいいんじゃない？

M：**もうお腹ペコペコだよ。やっぱり、行ってくる。**

男の人はいつごはんを食べに行きますか。

お腹ペコペコ＝とてもお腹がすいている。だから、もう少ししてからではなく、いま食べに行く。「行ってくる」は、「行って帰ってくる」という意味だが、「帰る」の意味はあまり強くない。

覚えよう

□たった今：just now／刚刚／bây giờ
□誘う：to invite／邀请／mời, rủ
□レポート：report／报告／báo cáo
□混む：to become crowded／拥挤，混杂／đông đúc
□やっぱり：as expected／果然／quả là, cũng, vẫn

3ばん　3

🔊N4_1_16

家でお母さんと男の子が話しています。男の子はどうして学校に行きたくないと言っていますか。

F：おはよう。なんだか元気がないじゃない。お腹でも痛いの？

M：そんなんじゃないよ。

F：あ、もしかして今日テストを受けるのがいやだから？

M：ちゃんと勉強したから大丈夫。それより、**見てよ、この髪。お母さんが昨日、短く切りすぎたから、変な髪型になっちゃったじゃないか！**

F：えー、すごく似合ってるよ。

M：お母さん、風邪を引いたから、学校を休みますって連絡してくれない？

男の子は、新しい髪型がいやなので学校に行きたくない。「風邪を引いたから」は、学校を休むためのうその理由。

F: 何言ってるの。早く学校に行きなさい。

男の子はどうして学校に行きたくないと言っていますか。

覚えよう

□テストを受ける：to take a test ／参加考试／ dự thi
□髪 ：hair ／头发／ tóc
□切りすぎる：to cut too much ／剪过头了／ cắt quá
□変（な）：strange ／奇怪的／ kỳ cục
□髪型 ：hairstyle ／发型／ kiểu tóc
□似合う：to suit ／合适，相称／ hợp
□連絡〈する〉：to contact ／联系／ liên lạc

4ばん　1

N4_1_17

図書館で、図書館の人が話しています。図書館では、何をしてはいけませんか。

M: 今から図書館の使い方についてお話しします。図書館はみんなが本を読んだり、勉強したりする場所ですから、**話すときは、小さい声で話してください**。本をコピーしたいときは、1階のコピー機を使ってください。このコピー機では、カラーコピーはできません。パソコンが使いたいときは、初めに受付でパスワードを教えてもらえば、だれでも使うことができます。飲み物は、ペットボトルに入っているものはいいですが、それ以外はだめです。

図書館では、何をしてはいけませんか。

小さい声で話してください＝大きい声で話してはいけない

覚えよう

□コピー機 ：copying machine ／复印机／ máy pho tô
□カラーコピー：color copy ／彩色复印／ pho tô màu
□パスワード：password ／密码／ mật khẩu
□教える：to teach ／告知／ chỉ, dạy
□ペットボトル：PET bottle ／塑料瓶／ chai nhựa
□以外 ：with the exception of ／以外／ ngoài ra

5ばん　2

N4_1_18

大学で女の人と男の人が話しています。男の人は大学を卒業したら、どうしますか。

F：もう4年生だけど、なかなかいい会社が見つからなくて…。

M：林さんは大学を卒業したら、仕事をするの？

F：そうだよ。ほかの友だちもみんな会社に入るために試験を受けてるよ。佐藤くんはどうするの？

M：ぼくは**もう一度学校に行って、勉強するつもりだよ**。

F：じゃあ、大学院に行くってこと？

M：ううん。**料理の学校に行くつもりなんだ**。その学校を卒業したら、海外に行ってもっと勉強しようと思ってる。将来自分のお店を開きたいと思っているからね。

F：すごいね。がんばって。

男の人は大学を卒業したら、どうしますか。

～つもり：intending to ～／打算…／dự định

覚えよう

□卒業〈する〉：to graduate ／毕业／ tốt nghiệp
□見つかる：to be found ／找到／ tìm thấy
□試験を受ける：to take a test ／参加考试／ dự thi
□大学院 ：graduate school ／研究生院／ cao học
□お店を開く：to open a store ／开店／ mở cửa hàng

6ばん　2

N4_1_19

会社で男の人と女の人が話しています。会議はいつになりましたか。

M：加藤さん、明日の会議は3時からだったよね？

F：はい、そうです。

M：実は、会議の前に、お客様の会社に行かなければならなくなったから、会議が始まる時間を4時にしてほしいんだ。

F：そうですね…。**1時間遅くすると、会議室が使えないんです。30分遅くしたら、会議室は予約できますが**…。

M：30分か…。

F：別の日に変えましょうか。

3時からの会議を30分遅くする。

M：いや、大丈夫だ。じゃあ、会議室の予約をお願い。

会議はいつになりましたか。

覚えよう

□～てほしい：to want someone to ～／希望某人…／muốn~
□遅くする：to make late／推迟，延迟／làm muộn, làm trễ
□予約：reservation／预约／đặt trước
□別：distinction／另外／khác
□変える：to change／改变，变更／thay đổi

7ばん　1

N4_1_20

女の子とお父さんが話しています。女の子はどのシャツに決めましたか。

F：ねえ、お父さん。あのシャツ買ってよ。あのシャツ。

M：**花の絵が描いてあるやつ？**

F：違うよ、そのとなりにあるのだよ。

M：この猫の絵が描いてあるシャツ？

F：うん、それだよ。

M：でも、小さいサイズしかないよ。こっちの猫とリボンのシャツならちょうどいいサイズのがあるけど。

F：すごくかわいいんだけど、似ているのがあるから…。

M：**お父さんは最初のシャツがかわいいと思うけど。**

F：そっか、じゃあそれにする。

女の子はどのシャツに決めましたか。

最初に話したのは花の絵のシャツ。

覚えよう

□描く：to draw／画，描绘／vẽ
□サイズ：size／尺码／kích cỡ
□～しかない：only ～／仅…／chỉ~
□リボン：ribbon／丝带，缎带／nơ
□ちょうどいい：just right／刚刚好／vừa đúng
□似る：to resemble／相似，类似／giống
□最初：first／最初／đầu tiên

もんだい3

れい　1　N4_1_22

友だちに借りた本にアイスクリームを落としてしまいました。何と言いますか。

F：1　本を汚してしまって、ごめんね。
　　2　本が汚れそうで、ごめんね。
　　3　本が汚れたみたいで、ごめんね。

1ばん　2　N4_1_23

車を運転しています。先生が駅まで行きたいと言っています。何と言いますか。

M：1　駅まで送りませんか。
　　2　駅まで送りましょうか。
　　3　駅まで送られますか。

～ましょうか：[提案（suggestion／提议／sử dụng khi đưa ra đề xuất)］を言うときに使う。

2ばん　1　N4_1_24

友だちのノートをコピーしたいです。何と言いますか。

M：1　コピーさせてもらえない？
　　2　コピーしてあげたら？
　　3　コピーしてくれてありがとう。

～させてもらえない？＝～してもいい？

3ばん　2　N4_1_25

バスに乗っています。友だちが気持ちが悪いと言っています。何と言いますか。

F：1　バスに乗らないほうがいいよ。
　　2　次のバス停で、バスを降りよう。
　　3　急がないとバスに間に合わないよ。

降りよう：「降りる」の［意向形（volition form／意志形／thể ý hướng)］

1　～ないほうがいい：[アドバイスや意見（advice and opinions／建议或意见／sử dụng khi nói lên ý kiến, lời khuyên)］を言うときに使う。「バスに乗らないほうがいい（you shouldn't take the bus／最好不坐巴士／không nên đi xe buýt thì hơn)」と言うなら、バスに乗る前。

覚えよう

□気持ちが悪い：upsetting／难受／cảm giác khó chịu

4ばん　3　N4_1_26

寒いので、まどを閉めたいです。何と言いますか。

F：1　まどを閉めなければいけませんか。
　　2　まどを閉めたらどうですか。
　　3　まどを閉めてもいいですか。

～てもいいですか：許可を求める表現（expression asking for permission／征求许可的表达／mẫu câu hiển thị sự xin phép một cách lịch sự)。

5ばん　1　　🔊N4_1_27

アルバイトが終わりました。これから帰ります。何と言いますか。

M：1　お先に失礼します。

2　おかえりなさい。

3　いらっしゃいませ。

お先に失礼します：会社などで、ほかの人より先に帰るときに言うあいさつ。

もんだい4

れい　1　　N4_1_29

M：おみやげのお菓子です。ひとつどうぞ。

F：1　わあ、いただきます。

2　いえ、どういたしまして。

3　たくさん食べてくださいね。

1ばん　1　　🔊N4_1_30

F：今度の日曜日に、海に行かない？

M：1　いいね、行こう。

2　ぼくは何回も行ったことがあるよ。

3　早く行きなさい。

2ばん　2　　🔊N4_1_31

F：田中くんの家から学校までどのくらいかかるの？

M：1　学校までバスで通っているよ。

2　だいたい30分くらいかな。

3　ぼくの家より学校のほうがずっと大きいよ。

どのくらいかかるの？：How long will it take?／需要多长时间？／mất khoảng bao lâu?

1　通う：to commute to／来往，往返／đi lại

3ばん　3　　🔊N4_1_32

F：どうしたの？なんか元気がないみたいだけど。

M：1　だれも知らないと思う。

2　薬を飲んだほうがいいよ。

3　朝からずっと頭が痛くて…。

元気がない：feeling down／无精打采／không khỏe

～みたい：like ~／…似的／giống như ~

4ばん　1　　🔊N4_1_33

M：すみません、このお店はいつが休みですか。

F：1　月曜日です。

2　薬のお店です。

3　いつか会いましょうね。

いつ：時間を聞く表現（an expression used

used to ask about time／询问时间的表达／cấu trúc hỏi về thời gian)

5ばん　3 　N4_1_34

M：きれいな写真ですね。どこで撮ったんですか。

F：1　私が撮りました。

2　カメラで撮りました。

3　海で撮りました。

どこ：場所を聞く表現 (**an expression used to ask about a place**／询问地点的表达／cấu trúc hỏi về nơi chốn)

6ばん　3 　N4_1_35

M：先生に相談してみたら？

F：1　はい、相談すればよかったです。

2　はい、聞いてあげたほうがいいですね。

3　はい、そうすることにします。

そうすることにします＝そうします

7ばん　2 　N4_1_36

F：あのう、ちょっとお聞きしたいんですが。

M：1　それは失礼ですよ。

2　はい、どうしましたか。

3　ご注意ください。

どうしましたか：相手が何かを相談してきたときに返すことば。(**This expression is used as a response when someone is consulting you about something.**／当对方有事要询问或商量时所作的应答。／từ ngữ để hỏi khi ai đó đến để tư vấn điều gì đó.)

医者もまず「どうしましたか」と言う。

8ばん　1 　N4_1_37

F：このレポート、どうしたらもっとわかりやすくなるだろう。

M：1　写真やイラストを入れたらどうですか。

2　字を大きくしなくてもいいですよ。

3　レポートの書き方を練習することにします。

このレポート、どうしたらもっとわかりやすくなるだろう。：**I wonder what I should do to make this report easier to understand.**／这份报告要怎么做才能更易于理解呢？／bài báo cáo này phải làm thế nào thì sẽ dễ hiểu hơn nhỉ.

第2回　解答・解説

Answers・Explanations ／解答・解说／Đáp án・giải thích

ごうかくもし　かいとうようし

N4 げんごちしき（もじ・ごい）

第2回

じゅけんばんごう Examinee Registration Number		なまえ Name	

〈ちゅうい　Notes〉

1. くろいえんぴつ（HB、No.2）でかいてください。
   Use a black medium soft (HB or No.2) pencil.
   （ペンやボールペンではかかないでください。）
   (Do not use any kind of pen.)
2. かきなおすときは、けしゴムできれいにけしてください。
   Erase any unintended marks completely.
3. きたなくしたり、おったりしないでください。
   Do not soil or bend this sheet.
4. マークれい Marking Examples

よいれい Correct Example	わるいれい Incorrect Examples
●	⊘ ✓ ◯ ◎ ⊜ ⦶ ●

もんだい1				
1	①	②	●	④
2	①	②	●	④
3	①	●	③	④
4	①	②	③	●
5	①	②	●	④
6	●	②	③	④
7	●	②	③	④
8	①	②	③	●
9	●	②	③	④

もんだい2				
10	①	②	●	④
11	●	②	③	④
12	①	②	③	●
13	①	②	③	●
14	①	②	●	④
15	●	②	③	④

もんだい3				
16	①	②	●	④
17	①	②	●	④
18	●	②	③	④
19	①	②	●	④
20	●	②	③	④
21	①	②	③	●
22	①	●	③	④
23	①	●	③	④
24	①	②	●	④
25	①	●	③	④

もんだい4				
26	①	②	③	●
27	●	②	③	④
28	●	②	③	④
29	①	●	③	④
30	①	②	③	●

もんだい5				
31	①	●	③	④
32	●	②	③	④
33	●	②	③	④
34	①	②	③	●
35	①	●	③	④

ごうかくもし　かいとうようし

N4 げんごちしき（ぶんぽう）・どっかい

第2回

じゅけんばんごう Examinee Registration Number		なまえ Name	

〈ちゅうい　Notes〉

1. くろいえんぴつ（HB、No.2）でかいてください。
   Use a black medium soft (HB or No.2) pencil.
   （ペンやボールペンではかかないでください。）
   (Do not use any kind of pen.)
2. かきなおすときは、けしゴムできれいにけしてください。
   Erase any unintended marks completely.
3. きたなくしたり、おったりしないでください。
   Do not soil or bend this sheet.
4. マークれい Marking Examples

よいれい Correct Example	わるいれい Incorrect Examples
●	⊘ ✓ ◯ ◎ ◍ ⦶ ●

もんだい1				
1	①	●	③	④
2	●	②	③	④
3	●	②	③	④
4	①	②	③	●
5	①	②	③	●
6	①	②	●	④
7	①	②	③	●
8	①	②	③	●
9	①	●	③	④
10	①	②	③	●
11	●	②	③	④
12	●	②	③	④
13	①	②	③	●
14	①	②	●	④
15	①	●	③	④
もんだい2				
16	①	●	③	④
17	●	②	③	④
18	①	②	●	④
19	①	②	③	●
20	①	●	③	④

もんだい3				
21	①	②	●	④
22	①	●	③	④
23	●	②	③	④
24	①	②	③	●
25	①	●	③	④
もんだい4				
26	①	②	●	④
27	①	②	●	④
28	①	②	③	●
29	①	②	●	④
もんだい5				
30	①	②	③	●
31	①	②	●	④
32	●	②	③	④
33	①	②	③	●

もんだい6				
34	①	●	③	④
35	●	②	③	④

ごうかくもし　かいとうようし

N4 ちょうかい

第2回

じゅけんばんごう Examinee Registration Number		なまえ Name	

〈ちゅうい　Notes〉

1. くろいえんぴつ（HB、No.2）でかいてください。
   Use a black medium soft (HB or No.2) pencil.
   （ペンやボールペンではかかないでください。）
   (Do not use any kind of pen.)
2. かきなおすときは、けしゴムできれいにけしてください。
   Erase any unintended marks completely.
3. きたなくしたり、おったりしないでください。
   Do not soil or bend this sheet.
4. マークれい Marking Examples

よいれい Correct Example	わるいれい Incorrect Examples
●	⊗ ✓ ○ ◎ ⊜ ⦶ ●

もんだい1

れい	①	②	③	●
1	①	●	③	④
2	①	●	③	④
3	①	②	③	●
4	①	②	●	④
5	①	②	●	④
6	①	②	●	④
7	①	②	③	●
8	①	●	③	④

もんだい2

れい	①	②	③	●
1	●	②	③	④
2	①	②	③	●
3	●	②	③	④
4	①	●	③	④
5	①	②	●	④
6	①	②	●	④
7	①	●	③	④

もんだい3

れい	●	②	③
1	●	②	③
2	①	②	●
3	①	●	③
4	●	②	③
5	①	②	●

もんだい4

れい	●	②	③
1	①	●	③
2	①	●	③
3	①	②	●
4	●	②	③
5	①	②	●
6	●	②	③
7	①	●	③
8	①	②	●

第2回　採点表 (Scoring Chart／评分表／Bảng chấm điểm)

		配点 Allocation of points／分数分配／Thang điểm	正答数 Number of correct answers／正答数／Số câu trả lời đúng	点数 Number of points／得分／Số điểm đạt được
もじ・ごい	もんだい1	1点×9問	／ 9	／ 9
	もんだい2	1点×6問	／ 6	／ 6
	もんだい3	1点×10問	／10	／10
	もんだい4	1点×5問	／ 5	／ 5
	もんだい5	1点×5問	／ 5	／ 5
ぶんぽう	もんだい1	1点×15問	／15	／15
	もんだい2	2点×5問	／ 5	／10
	もんだい3	2点×5問	／ 5	／10
どっかい	もんだい4	5点×4問	／ 4	／20
	もんだい5	5点×4問	／ 4	／20
	もんだい6	5点×2問	／ 2	／10
	ごうけい	120点		／120

		配点	正答数	点数
ちょうかい	もんだい1	3点×8問	／ 8	／24
	もんだい2	2点×7問	／ 7	／14
	もんだい3	3点×5問	／ 5	／15
	もんだい4	1点×8問	／ 8	／ 8
	ごうけい	61点		／61

60点になるように計算してみましょう。

Try calculating so it adds up to 60 points. ／以60分满分为基准计算得分吧。／ Hãy thử tính sao cho đạt 60 điểm.

□点÷61×60＝□点

※この採点表の配点は、アスク出版編集部が問題の難易度を判断して独自に設定しました。

*The point allocations for these scoring charts were established independently by the editors at Ask Publishing based on their assessment of the difficulty of the questions.

*此评分表的分数分配是由ASK出版社编辑部对问题难度进行评估后独自设定的。

*Thang điểm của bảng chấm điểm này do Ban Biên tập Nhà xuất bản ASK thiết lập riêng, dựa trên đánh giá độ khó dễ của đề thi.

※日本語能力試験N4は、2020年度第2回試験より、試験時間および問題数の目安に一部変更がありました。最新の情報は日本語能力試験のWebサイト（https://www.jlpt.jp/）をご覧ください。

言語知識（文字・語彙）

もんだい1

1 3 うわぎ
上着：outer garment ／外衣／ áo khoác

2 3 つよく
強い：strong ／强烈，用力／ mạnh
1 高い：high ／高的，贵的／ cao
2 低い：low ／低的，矮的／ thấp
4 弱い：weak ／弱的／ yếu

3 2 きって
切手：stamp ／邮票／ tem
3 切符：ticket ／票／ vé

4 4 ちず
地図：map ／地图／ bản đồ

5 3 はしって
走る：to run ／跑／ chạy
2 歩く：to walk ／走／ đi bộ
4 登る：to climb ／攀，登／ leo

6 1 や
～屋：~ store ／…店／ tiệm~

7 1 おと
音：sound ／声响／ âm thanh
2 声：voice ／声音／ giọng
3 歌：song ／歌，歌曲／ bài hát
4 曲：composition ／曲，曲子／ ca khúc

8 4 ようじ
用事：task ／要做的事／ việc bận
1 仕事：job ／工作／ công việc
3 様子：appearance ／情形，样子／ trạng thái

9 1 いけん
意見：opinion ／意见／ ý kiến
2 意味：meaning ／意思，意义／ ý nghĩa
3 意思：intention ／想法，打算／ ý chí
4 以上：~ or more ／以上／ trên

もんだい2

10 3 習い
習う：to learn ／学，学习／ học tập, luyện tập
4 学ぶ：to study ／学，学习／ học

11 1 理由
理由：reason ／理由／ lý do
2 自由：freedom ／自由／ tự do
4 事由：cause ／缘由／ nguyên nhân

12 4 発音
発音：pronunciation ／发音／ phát âm

13 4 中止
中止：stoppage ／中止／ ngừng

14 3 鳥
鳥：bird ／鸟／ chim
1 ～書：~ book ／…书／ sách~
2 島：island ／岛／ đảo

15 1 時計
時計：clock ／钟表／ đồng hồ

もんだい3

16 3 あつまって
集まる：to gather ／聚集／ tập trung, tập hợp
1 泊まる：to stay at ／住宿／ trọ lại

2 決まる：to be decided ／决定／ quyết định
4 集める：to gather ／收集／ sưu tầm, thu thập, tập trung lại

17 3 よしゅう
予習：preparation for a lesson ／预习／ chuẩn bị bài trước
1 予定：plans ／预定／ dự định
2 予約：reservation ／预约／ đặt trước
4 約束：promise ／约定／ hẹn

18 1 ていねい
ていねい：polite ／有礼貌，恭敬／ lịch sự

2 普通：regular ／普通／ thông thường
3 急：sudden ／突然／ gấp, vội
4 ゆっくり：slowly ／慢，不着急／ thong thả

19 3 しょうせつ
小説（novel ／小说／ tiểu thuyết）を読む

1 映画（movie ／电影／ phim）を見る
2 テレビ（TV ／电视／ ti vi）を見る
4 ゲーム（game ／游戏／ trò chơi điện tử）をやる

20 1 だれも
だれも…ない：no one ／没有一个人…／ không có ai

2 だれか：someone ／某人／ ai đó
3 だれの：whose ／谁的／ của ai
4 だれと：with someone ／和谁／ với ai

21 4 そだてて
育てる：to raise ／培育／ nuôi dạy, nuôi nấng

1 呼ぶ：to call ／叫，叫来／ gọi, kêu
2 生む：to give birth ／分娩／ sinh
3 遊ぶ：to play ／玩，玩耍／ chơi

22 2 ようい
用意：preparation ／准备／ chuẩn bị
1 試合：match ／比赛／ trận đấu
3 用事：task ／要做的事／ việc bận
4 紹介：introduction ／介绍／ giới thiệu

23 2 いれた
いれる：to brew ／沏，泡／ bỏ vào, cho vào
1 する：to do ／做／ làm
3 建てる：to build ／建设，建造／ xây dựng, sáng lập
4 焼く：to bake ／烧，烤／ nướng, thiêu, đốt cháy

24 3 べつ
別：distinction ／另外／ khác
1 とき：time ／时间，时候／ thời gian
2 いい：good ／好的／ tốt, tiện
4 いつ：when ／什么时候／ khi nào

25 2 いつか
いつか：sometime ／总有一天／ một lúc nào đó

1 いつ：when ／什么时候／ khi nào
3 いつでも：anytime ／无论何时／ lúc nào cũng
4 いつごろ：about when ／什么时候／ khoảng lúc nào

もんだい4

26 4 りんごより　いちごの　ほうが　すきです。
～ほど…ない：not as ... as ~ ／没到～的程度／ không đến mức

27 1 わたしは　びょういんで　はたらいて　います。
（に）つとめる：to employ ／任职，工作／ làm việc tại
（で）働く：to work ／劳动，工作／ làm việc tại
2（に）通う：to commute to ／来往，往返／ đi lại

3 待つ：to wait ／等，等待／ chờ đợi

4（に）向かう：to head toward ／前往，朝着／ hướng đến

28 1 この　えの　しゃしんを　とりたいです。

（私に）撮らせてください＝（私が）撮りたい

（あなたに）撮ってもらいたい＝（あなたに）撮ってほしい

29 2 これを　見ますか。

※「ごらんになる」は「見る」のていねいな言い方。

1 聞く→お聞きになる

3 食べる→召し上がる

4 飲む→召し上がる

30 4 しゅくだいを　して　います。

～ているところ：currently doing ～／正在…／ đang~

1 終わる：to end ／结束／ xong, kết thúc

2 必ず：without exception ／一定，必定／ nhất định

3 いまから：from now ／现在开始／ từ nay

もんだい5

31 2　となりの　へやから　こえが　聞こえます。

聞こえる：to be audible ／听得到，能听见／ nghe thấy

3 私の話を聞いてください。

4 一緒にラジオを聞きましょう。

聞く：to listen to ／听／ nghe

32 1　あした　おたくに　うかがっても　いいですか。

お宅：home ／您家／ nhà

2 私の家はとてもきれいです。

家：house ／家／ nhà

4 新しいお部屋を探しています。

お部屋：apartment ／屋子／ phòng

33 1 でんしゃの　中で　さわがないで　ください。

さわぐ：to make noise ／吵闹，吵嚷／ làm ồn

2 デパートでシャツを探しています。

探す：to search ／找／ tìm kiếm

3 このポスターをかべに貼ってください。

貼る：to paste ／贴／ dán

4 このビルは10年前に建てられました。

建てる：to build ／建设，建造／ xây dựng

34 4 ぼくは　かのじょと　こうえんで　デートを　しました。

デート：date ／约会／ hẹn hò

35 2 兄は　どうぶつの　せわを　するのがすきです。

世話：assistance ／照料，照顾／ chăm sóc

1 わからなかったので、もう一度説明をしてください。

説明：explanation ／说明／ giải thích

言語知識（文法）・読解

◆文法

もんだい1

1 2 出かける

動詞辞書形（verb dictionary form ／动词辞书形／động từ thể tự điển）＋ことがある：たまに起きること (something that occasionally occurs ／偶尔发生的事／ thỉnh thoảng xảy ra)

れい　宿題をするのを忘れることがある。

4 ～たことがある：過去に起きたことや経験 (an experience or something that happened in the past ／过去发生的事或经验／ những việc xảy ra trong quá khứ hoặc kinh nghiệm)

れい　私はアメリカに行ったことがある。

2 1 いただきました

「～ていただく」は「～てもらう」のていねいな言い方。

れい　先生にレポートの書き方を教えていただきました。

3 1 でも

～でも：[極端な例（extreme example ／极端的例子／ đưa ra ví dụ mang tính cực đoan）] をあげる。

れい　このビールはアルコールがないから、子どもでも飲めます。

4 4 に

～にしましょう／しよう：提案 (suggestion ／提议／ sử dụng khi đưa ra đề xuất)

れい　今日の晩ごはんはギョウザにしましょう。

5 4 たがる

～たがる：自分以外の人がしたいことを表す。

れい　行きたがる　買いたがる

2 ～てほしい＝～てもらいたい

れい　手作りのお菓子を妹に食べてほしい。(＝手作りのお菓子を妹に食べてもらいたい。)

6 3 ように

動詞可能形（verb potential form ／动词可能形／ động từ thể khả năng）＋ように：[状況がよくなることを目標に (hoping that the situation will improve ／以情况好转为目标／ mục tiêu làm cho tình trạng trở nên tốt hơn)] 何かをする。

れい　一人でも海外で生活できるように、がんばって英語を勉強しています。

1 動詞辞書形（verb dictionary form ／动词辞书形／ động từ thể tự điển）＋ために：[自分の意志で (of one' s own free will ／自己的意愿／ ý chí của bản thân)] 何かをする。

れい　やせるために、晩ごはんを食べないことにしました。

7 4 あとで

～あとで：after ~ ／…之后／ sau khi

れい　電気を消したあとで、出かけます。

3 ～まえに：before ~ ／…之前／ trước khi

れい　ごはんを食べるまえに、手を洗います。

8 4 かぶった

～たまま：状態が続いていること。(a condition is ongoing. ／表示状态的持续。／ việc trạng thái được duy trì liên tục.)

れい　ドアを開けたまま、出かけてしまいました。

9 2 おいて

～ておく：ある目的のために、前もって何かをする。

れい　明日の会議で使う資料をコピーしておく。

10 4 食べないで

～ないで：[状態が変わらないまま(a condition is unchanging ／状态不发生改变／trạng thái không thay đổi)] 次のことをする。

れい　夏休みに宿題をしないで毎日遊んでいて、父におこられた。

11 1 はじまっていました

～ていた：話すときにその [動作 (action ／动作／ hành động, động tác)] がすでに終わっていることを表す。

れい　会場に着いたら、コンサートが終わっていました。

12 1 おこらせました

「おこらせる」は「おこる」の[使役形 (causative form ／使役形／ hình thức sai khiến)]。

13 4 もらえませんか

～てもらえませんか：Could you please ~? ／可以请你…吗? ／có thể ~ không

れい　すみません、写真を撮ってもらえませんか。

□貸す：to loan ／借出／ cho mượn

□返す：to return ／归还／ trả

14 3 も

助数詞 (particle ／量词／ trợ từ đếm) ＋も：多いことを [強調 (emphasis ／强调／ hiển thị ý nhấn mạnh)] するときに使う。

れい　姉は甘いものが大好きで、昨日ケーキを5つも食べた。

□とうとう：at last ／终于／ cuối cùng

15 2 勉強させています

「させる」は「する」の [使役形 (causative form ／使役形／ hình thức sai khiến)]。

もんだい2

16 2

じつは、4彼女　1に　3別れて　2くれ　と言われたんだ。

「～てくれ」は「～てください」の [命令形 (command form ／命令形／ thể mệnh lệnh)]。

17 1

今日は　4さむい　2から　1手ぶくろを　3したら　どうですか。

～たらどうですか：相手に [アドバイス (advice ／建议／ lời khuyên)] をするときの言い方。

18 3

ここでタバコを　2吸っては　1いけない　4という　3ことを　知っていますよね。

～という：[内容 (content ／内容／ nội dung)] を表す。

19 4

ちょっと　3部屋　4まで　1見に　2行って　きます。

～まで：[移動の終点 (end point of movement ／移动的终点／ điểm cuối của sự di chuyển)] を表す。

20 2

日本語を　2たくさん　1話す　4ことができる　3クラス　はありますか。

～ことができる：something one is able to do ／可以，能够／ có thể ~

もんだい3

21 3 は

は：is ／是／ trợ từ hiển thị chủ đề

れい　田中さんは日本人です。

22 **2 ばかり**

〜ばかり＝〜だけ

れい　彼は肉**ばかり**食べる。
（＝彼は肉**だけ**食べる。）

23 **1 行かなくてもいいです**

夏休みがはじまる→学校がお休み→学校に行かなくてもいい

〜なくてもいい：does not have to ～／不…也可以／ không ~ cũng được

24 **4 遊んだり**

〜たり〜たりする：いくつかの［行為（act／行为／ hành vi）］の中から、例をあげる。

れい　京都に行ったとき、紅葉を**見たり**、日本茶を**飲んだりしました**。

25 **2 だから**

だから：because／所以／ vì thế, vì vậy

1 だけど：however／然而，但是／ tuy nhiên, tuy thế

3 それに：in addition／此外，另外／ hơn nữa

4 もし：if／如果，若是／ nếu

第2回

文字・語彙

文法

読解

聴解

◆読解

もんだい4

(1) 26 3

美花へ

買い物に行ってきます。冷蔵庫の中に、ぶどうが入っているので、宿題が終わったら食べてください。ぶどうは、おばあちゃんが送ってくれました。あとで、いっしょにおばあちゃんに電話をかけましょう。

お母さんより

美花さんは学校から帰ってきたら、3（宿題）→2（ぶどうを食べる）

1 買い物に行くのはお母さん

4 電話はお母さんが帰ってきてからかける

(2) 27 3

この前、友だちと一緒にラーメンを食べに行きました。ラーメンを食べようとしたとき、友だちが「ちょっと待って！　まだ食べないで！」と言って、ラーメンの写真をたくさん撮っていました。**友だちが写真を撮り終わったときには、温かいラーメンが冷めてしまって、おいしくなくなってしまいました。**最近、ごはんを食べる前に写真を撮る人が増えてきました。私は、料理は一番おいしいときに食べるべきだと思うので、そういうことをしないでほしいと思います。

食べる前に写真を撮ったら、料理がおいしく食べられない。

覚えよう

□温かい：warm ／暖，温暖／ ấm áp
□冷める：to cool ／凉，变凉／ lạnh
□～べき：supposed to ~ ／应该…／ nên~

(3) 28 4

【インターネットで買われるお客様へ】

- ■ 送料は200円です。3,000円以上買うと、送料はかかりません。
- ■ 注文してから3日後に商品をお届けできます。
- ■ 注文した次の日にお届けするサービスをご利用される場合は、300円かかります。
- ■ メッセージカードをつける場合は、100円かかります。
- ■ 商品のキャンセルはできません。

シャツ2,500円＋送料200円＋早く届けるサービス300円＋メッセージカード100円＝3,100円

覚えよう

□送料：shipping fee ／邮费，运费／ tiền gởi
□ただ：free ／免费／ miễn phí
□注文〈する〉：to order ／订购，订货／ đặt hàng
□商品：product ／商品／ hàng hóa
□届ける：to deliver ／送达／ chuyển đến, đến
□サービス：service ／服务／ dịch vụ
□場合：case ／情况／ trường hợp
□キャンセル：cancel ／取消／ hủy

(4) 29 3

私は、いつも車を運転するとき、歌を歌っています。でも、お母さんは、車を運転するときに歌を歌っていると、事故をおこしてしまうかもしれないから、やめたほうがいいと言っています。

1車の中だったら歌を歌っても、あまりうるさくないし、とても楽しい気持ちになります。でも、3私は事故をおこさないように、気をつけているし、2一度も事故をおこしたことはないので、3大丈夫だと思っています。

1　車の中で歌を歌っていると、楽しい気持ちになる

3　○

2　事故をおこしたことがない

4　歌うのをやめることにしたとは言っていない

覚えよう

□運転〈する〉：to drive ／驾驶／ lái xe
□事故：accident ／事故／ tai nạn
□おこす：to cause ／引发，造成／ xảy ra
□気をつける：to be careful ／小心，注意／ chú ý

もんだい5

30 4　31 3　32 1　33 4

山田さんの家族と私

アンナ

先週、私は山田さんの家に遊びに行きました。山田さんの家は、私のアパートから遠いので、電車とバスを使わなければなりません。私は、30**電車とバスを使うのが初めてなので、「もし、電車とバスを間違えたらどうしよう」と、とても心配でした**。私が山田さんに①そのことを伝えると、31**山田さんはお父さんに、アパートまで車で迎えに来てくれるようにお願いしてくれました**。山田さんのお父さんは、すぐに「②もちろん、いいよ」と言ってくれました。

山田さんの家に着くと、山田さんのお母さんと高校生の妹さんが迎えてくれました。私は山田さんの家族に国で買ってきたおみやげを渡して、「一緒に飲みましょう」と言いました。すると、③みんなは少し困った顔をしました。私が買ってきたおみやげは、ワインでした。私の国では、ワインを飲みながら、みんなでごはんを食べます。しかし、32**山田さんのお父さんとお母さんはお酒が飲めないし、山田さんと妹さんは、まだお酒を飲んではいけません**。33**私は「失敗した」と思いました**。おみやげを買うなら、(　　　　)と思いました。でも、山田さんの家族は、めずらしいワインだからうれしいと言ってよろこんでくれました。

そして、家族みんなで、たこ焼きを作って食べたり、ゲームをしたり、たくさん話をしたりしました。とても楽しい一日でした。

30 初めて電車とバスに乗るので、間違えるかもしれないと心配していた

31 山田さんのお父さんはアンナさんを車で迎えに来てくれた

32 山田さんの家族はワインが飲めない。
4 お酒を飲んではいけないのは山田さんと妹さんだけ

33 お酒が飲めるかどうかを聞かないでワインを買ってしまったので、「失敗した」と思った

覚えよう

□間違える：to make a mistake／弄错／nhầm lẫn, sai
□心配：worry／担心／sự lo lắng
□伝える：to convey／传达，告诉／truyền đạt
□迎える：to go out to meet／迎接／đón
□もちろん：of course／当然／dĩ nhiên
□困る：to be troubled／为难／khó khan, bối rối
□失敗：mistake／失败／sự thất bại
□めずらしい：rare／罕见，珍贵／hiếm

もんだい6

34 2　**35** 1

あおぞら大学図書館のご利用について

● 利用できる人

あおぞら大学の大学生・留学生・先生

あおぞら市内にあるさくら大学・うみの大学の大学生・留学生・先生

● 利用時間

月曜日～金曜日　8：30 ～ 20：00

土曜日　9：00 ～ 17：00

● 利用方法

あおぞら大学の大学生・留学生・先生が図書館を利用するときは、大学からもらった利用カードを使ってください。

34 あおぞら大学ではない大学の大学生・留学生・先生が、初めて図書館を利用するときは、受付で利用カードを作ってください。

● 借りるとき

借りたい本やCDなどと利用カードを一緒に受付に出してください。

本は2週間借りることができます。

CD、DVDは1週間借りることができます。

● 返すとき

返す本やCDなどを受付に返してください。

図書館が閉まっているときは、入口の前にある返却ボックスに入れてください。

35 CD、DVDは返却ボックスに入れないで、必ず受付に返してください。

34　リーさんはあおぞら大学の留学生ではないので、初めて図書館に行くときは、まず受付で利用カードを作らなければならない

35　CDは受付に返さなければならない。図書館は日曜日はお休みなので、ほかの日に返すしかない

● 注意

本をコピーするときは、コピー申込書を書いて、受付に出してください。

図書館の本を汚したり、なくしたりした場合は、必ず図書館に連絡してください。

あおぞら大学図書館

覚えよう

□市内：within a city／市内／trong thành phố
□返却：return of something／返还，归还／hoàn trả
□注意：caution／注意／chú ý
□申込書：application form／申请书／đơn đăng ký
□汚す：to make dirty／弄脏／làm bẩn
□連絡〈する〉：to contact／联系／liên lạc

聴解

もんだい1

れい　4　N4_2_03

女の人と男の人が電話で話しています。女の人はこのあとまず何をしますか。

F：もしもし。今、駅前の郵便局の前にいるんだけど、ここからどうやって行けばいいかな？

M：郵便局か。そこから大きな茶色いビルは見える？

F：うん、見えるよ。

M：信号を渡って、そのビルの方へ歩いてきて。ビルの横の道を2分くらい歩くとコンビニがあるから、その前で待っていて。そこまで迎えに行くよ。

F：うん、わかった。ありがとう。

M：うん、じゃあまたあとで。

女の人はこのあとまず何をしますか。

1ばん　2　N4_2_04

病院で女の人と医者が話しています。女の人は、何をしてはいけませんか。

F：先生、今日は仕事に行ってもいいでしょうか。

M：1**仕事は、まあ、いいでしょう**。会社まではどうやって行きますか。

F：自転車です。

M：3**まだ怪我が治っていないので、タクシーを使ったほうがいいでしょう**。2**怪我が治ったら、自転車に乗ってもいいですが、治るまではやめてください**。

F：あのう、お風呂は？

M：4**お風呂はいつも通りでいいですよ**。

1　仕事をしてもいい

3　怪我が治る前に、タクシーを使う

2　怪我が治る前に、自転車に乗ってはいけない○

4　お風呂に入ってもいい

第2回

文字・語彙　文法　読解　聴解

F：わかりました。ありがとうございました。

M：おだいじに。

女の人は、何をしてはいけませんか。

覚えよう

□どうやって：how ／怎样，如何／ làm thế nào, bằng cách nào
□怪我：injury ／伤，受伤／ bị thương
□治る：to heal ／痊愈／ lành
□いつも通り：as always ／照常，和平时一样／ theo như mọi khi
□おだいじに：get well soon ／请多保重／ chúc mau khỏi bệnh, giữ gìn sức khỏe

2ばん　2

N4_2_05

お店の人と、男の人が話しています。男の人はいくら払いますか。

F：いらっしゃいませ。この棚にあるネクタイは3本で1,000円です。

M：へえ、安いですね。このネクタイも3本1,000円で買えますか。

F：いえ、こちらのネクタイは1本2,000円です。ですが、もう一つ2,000円のネクタイを買うと、50%お安くなります。

M：え、<u>ということは、ネクタイが1本無料になるということですか？</u>

1本無料になる＝2本で2,000円

F：はい。とてもお得ですよ。

M：じゃあ、これください。

男の人はいくら払いますか。

覚えよう

□払う：to pay ／支付／ trả
□無料：free ／免费／ miễn phí
□お得：bargain ／合算，有赚头／ lợi

3ばん　4

N4_2_06

女の人と男の人が話しています。女の人は、今からどこに行きますか。

F：財布にお金が入っていないから、郵便局に行ってくるね。

M：ATM 行くんだろう？　ほら、あそこに銀行があるでしょ？　そこに行けば？

F：そうね。あれ？「本日はメンテナンスのため、ATM がご利用できません」って書いてある。もう、ついてないな。

M：でも郵便局は遠すぎるよ。コンビニのほうがいいと思うよ。

F：私、コンビニの ATM を使ったことがないから、よくわからないよ。

M：使い方は簡単だよ。郵便局の ATM と同じだよ。

F：あ、大変！**カードを家に忘れちゃった。取りに行かなきゃ。**

M：仕方ないな。じゃあ、ここで待ってるよ。

女の人は、今からどこに行きますか。

カードがないと ATM を使えないので、まず家にカードを取りに行く。

覚えよう

□メンテナンス：maintenance ／维护／ bảo trì, bảo dưỡng
□利用〈する〉：to utilize ／利用／ sử dụng
□ついていない：be out of luck ／不走运，倒霉／ xui xẻo, không may
□簡単 ：simple ／简单／ đơn giản
□仕方ない：it cannot be helped ／没办法，无可奈何／ không còn cách nào khác

4ばん　3

N4_2_07

学校で先生が話しています。学生は何を持っていかなければなりませんか。

M：みなさん、明日はパン工場に見学に行きます。明日は、電車に乗って行きますから、時間に遅れないようにしてください。ア**電車代は学校が払いますから、お金は必要ありません。**工場に着いたら、工場の人からお話を聞きます。そしてお昼は、できたばかりのパンを食べさせてくださるそうです。パンをいただくので、イ**お弁当はいりませんが**、ウ**お茶は用意してください。**エ**工場見学ですから教科書は持ってこなくてもいいですが**、オ**今日の宿題は忘**

ア　お金を持っていかなくてもいい
イ　お弁当を持っていかなくてもいい
エ　教科書を持っていかなくてもいい
ウ　お茶を持っていく
オ　宿題を持っていく

れずに持ってきてくださいね。

学生は何を持っていかなければなりませんか。

覚えよう

□工場：factory／工厂／nhà máy
□見学：study by observation／参观学习／tham quan học hỏi
□遅れる：to be late／晚，迟到／trễ, muộn
□電車代：train fare／电车费用／tiền xe điện
□払う：to pay／支付／trả
□必要：necessary／必要，需要／cần thiết
□用意〈する〉：to prepare／准备／chuẩn bị
□忘れる：to forget／忘记／quên

5ばん　3　N4_2_08

会社で女の人と男の人が話しています。女の人はどこにパソコンを置きますか。

F：部長、新しいパソコンが届きました。

M：じゃあ、棚のところに置いといてくれるかな？

F：棚はほかの荷物でいっぱいで、どこにも置く場所がないですね…。

M：それはぼくが使うつもりだから、ぼくの机の下に置いといて。

F：机の下だと汚れちゃいますね。棚のとなりにあるテーブルの上に何も置いていないから、そこに置きましょうか。

M：うーん、すぐ使うから、ぼくの机の上でいいよ。

F：はい、わかりました。

女の人はどこにパソコンを置きますか。

パソコンを机の上に置く。
机の上でいいよ＝机の上に置いてください

覚えよう

□届く：to reach／送达，收到／chuyển đến, đến
□棚：shelf／架子／kệ
□いっぱい：full／满满的／nhiều
□〜つもり：intending to ~／打算…／dự định~
□汚れる：to get dirty／脏，变脏／bẩn

6ばん　3

🔊N4_2_09

男の人が話しています。朝ごはんを食べたい人は何時にレストランに行きますか。

M：ホテルについてご説明いたします。ホテルには温泉がございます。**1温泉は朝5時から夜11時までご利用いただけますが、2昼2時から4時までは、掃除をする時間**なので入ることはできません。お食事は2階のレストランで召し上がってください。**3朝は6時から10時まで、4夜は4時から10時まで**です。お昼はやっておりませんので、ご注意ください。

朝ごはんを食べたい人は何時にレストランに行きますか。

1　朝5時～夜11時：温泉に入れる時間

2　昼2時～昼4時：温泉を掃除する時間

3　朝6時～朝10時：朝ごはんの時間

4　夜4時～夜10時：晩ごはんの時間

覚えよう

□説明〈する〉：to explain ／说明／ giải thích
□利用〈する〉：to utilize ／利用／ sử dụng
□掃除〈する〉：to clean ／扫除，打扫／ quét dọn
□召し上がる：to eat/drink ／吃，喝／ ăn
□注意〈する〉：to caution ／注意／ chú ý

7ばん　4

🔊N4_2_10

会社で女の人と男の人が話しています。男の人は、だれを手伝いますか。

F：今日は山本さんがお休みだから、片付けを手伝ってほしいんだけど。石田くん、今、お願いできる？

M：すみません、今ちょうど、社長から電話がかかってきて、これから出かけるんです。

F：そうか。じゃあ、片付けは林くんに手伝ってもらう。

M：すみません。**3時ごろに戻るので、そのあとなら時間があります。**

F：そう？　じゃあ、**午後、大野さんが荷物をたくさん送るって言っていたから、それを一緒にやってもらっていい？**

M：わかりました。では、行ってきます。

男の人は、だれを手伝いますか。

3時に戻ってきてから、大野さんと一緒に荷物を送る。
～てもらっていい？＝～てもらえますか？

覚えよう

□手伝う：to help ／帮忙／ giúp đỡ

□〜てほしい：want someone to ~ ／希望某人…／ muốn~

□今ちょうど：just now ／刚刚／ bây giờ vừa đúng, ngay bây giờ

□戻る：to return ／返回／ quay lại, trở lại

8ばん　2

N4_2_11

天気予報を見て、女の人と男の人が話しています。女の人は、これからどこへ行きますか。

F：今日は久しぶりに晴れたね。

M：天気予報では午後から雨って言ってるけど。

F：本当に？ これから買い物に行こうと思ってたんだけど、雨が降るならやめようかな。

M：買い物なら、建物の中だから、雨が降っても大丈夫じゃない？

F：うーん、買ったものがぬれるといやだから、**1ネットで買うことにするよ。2晴れているうちに、自転車を直しに行ってくるよ。**壊れちゃったんだよね。

M：あ、あの図書館のとなりの店？

F：うん、じゃあ行ってきます。

女の人は、これからどこへ行きますか。

1　買い物はデパートなどではなく、ネットで買うことにした。

2　午後から雨だから、雨が降る前に自転車を直しに行く。

〜うちに：while ~ ／趁着 … ／ trong khi còn đang~

覚えよう

□久しぶりに：first time in a while ／隔了很久／ lâu lắm rồi

□晴れる：to become clear (weather) ／晴，放晴／ trời quang đãng, trời nắng

□建物：building ／建筑物／ tòa nhà

□ぬれる：to get wet ／湿，湿润／ ướt

□直す：to fix ／修理／ sửa chữa

□壊れる：to break ／坏／ hư, hư hỏng

もんだい2

れい　4　N4_2_13

女の人と男の人が話しています。女の人は、結婚式で何を着ますか。

F：明日の友だちの結婚式、楽しみだな。

M：そうだね。何を着るか決めたの？

F：本当は着物を着たいんだけど、一人じゃ着られないし、動きにくいんだよね。

M：そうだね。

F：それで、このピンクのドレスにしようと思ってるんだけど、どうかな。

M：うーん、これだけだと寒いと思うよ。

F：そうかな。じゃあ、この黒いドレスはどう？　これは寒くないよね。

M：そうだけど、短すぎない？

F：そう？　短いほうがおしゃれでしょう。決めた。これにする。

女の人は、結婚式で何を着ますか。

1ばん　1　N4_2_14

公園で、男の人と女の人が話しています。子どものとき、男の人は何をして遊んでいましたか。

M：なつかしいな。子どものとき、よくこの公園で遊んだものだよ。

F：何して遊んでたの？

M：**毎日のように友だちと野球していたな**。今は、野球やサッカーはしちゃいけないみたいだけど。

F：ボールが飛んできたら危ないもんね。

M：でもバスケットボールはやってもいいんだって。

F：へえ、そうなんだ。

毎日のように：almost daily／几乎每天／giống như mỗi ngày

第2回

文字・語彙　文法　読解　聴解

M：最近、公園に池ができて、魚つりができるようになったんだよ。いつか子どもができたら、この公園で一緒に遊びたいな。

子どものとき、男の人は何をして遊んでいましたか。

覚えよう

□なつかしい：nostalgic ／怀念／ nhớ lại kỷ niệm xưa
□野球：baseball ／棒球／ bóng chày
□サッカー：soccer ／足球／ bóng đá
□ボール：ball ／球／ quả bóng
□バスケットボール：basketball ／篮球／ bóng rổ
□魚つり：fishing ／钓鱼／ câu cá

2ばん　4

N4_2_15

会社で女の人が社長の一週間のスケジュールについて話しています。社長が空港に行くのは何曜日ですか。

F：社長、今週一週間のスケジュールを確認します。月曜日は一日ずっと会議があります。火曜日と水曜日は大阪出張です。大阪行きの新幹線はもう予約してあります。木曜日の午前中は、テレビのインタビュー、午後からホテルでパーティーがあります。**金曜日はアメリカからお客様がいらっしゃいます。空港でお客様をお迎えして**、会議をしたあと、日本料理のレストランでお食事をします。

社長が空港に行くのは何曜日ですか。

金曜日にアメリカのお客様を迎えに空港に行く。

月曜日は一日中会議をする。水曜日は新幹線で大阪出張。木曜日はインタビューとパーティー。

□スケジュール：schedule ／日程／ kế hoạch
□確認〈する〉：to confirm ／确认／ xác nhận
□ずっと：the whole time ／一直，始终／ suốt, mãi
□出張：business trip ／出差／ công tác
□～行き：bound for ~ ／开往…／ hướng ~, đi về hướng~
□予約〈する〉：to reserve ／预约／ đặt trước
□インタビュー：interview ／采访／ phỏng vấn
□迎える：to go out to meet ／迎接／ đón
□食事：meal ／吃饭，用餐／ bữa ăn

3ばん　1

N4_2_16

女の人と男の人が話しています。二人はレストランまでどうやって行きますか。

F：ねえ、このレストラン、駐車場がないから、車で来ないでくださいって。

M：じゃあ、電車で行く？

F：うーん。でも駅からレストランまでけっこう遠いんだよ。歩いて20分くらいかかるみたい。

M：どうする？　タクシーで行く？

F：あ、でもレストランの近くに駐車場があるみたい。

M：本当だ。**車を1時間止めたら、300円払わないといけないけど、しかたない。**

二人はレストランまでどうやって行きますか。

お金を払わなければいけないが、レストランの近くの駐車場に車を止めることにした。

しかたない：it cannot be helped／没办法，无可奈何／không còn cách nào khác

覚えよう

□どうやって：how／怎样，如何／làm thế nào, bằng cách nào
□駐車場：parking lot／停车场／bãi đỗ xe
□止める：to stop／停／dừng
□払う：to pay／支付／trả

4ばん　2

N4_2_17

ニュースでアナウンサーが話しています。どうして運転手は事故を起こしてしまいましたか。

M：夜10時ごろ、コンビニの前で車と人がぶつかる事故がありました。この道は、いつもは車が多いですが、1 **この時間は車はほとんど走っていませんでした**。事故を起こした運転手は、2 **いきなり人が道路に飛び出してきて、ぶつかった**と言っています。車にぶつかった人は、「コンビニに行くために道を渡ろうとした。3 **携帯電話を見ていたので**、4 **車に気がつかなかった**」と言っています。

どうして運転手は事故を起こしてしまいましたか。

1　車がほとんどなかった
2　○
3　携帯電話を見ていたのは運転手ではない
4　車に気がつかなかったのは運転手ではない

覚えよう

□アナウンサー：announcer／播音员／phát thanh viên
□運転手：driver／司机／lái xe, lái tàu
□ぶつかる：to strike against／碰，撞／va chạm
□いきなり：suddenly／突然／đột nhiên, bất ngờ, đột ngột
□道路：road／道路／đường, đường phố
□飛び出す：to jump out／闯出，突然出现／bay ra
□（に）気がつく／気づく：to realize／发觉，注意到／nhận ra

5ばん　3　　N4_2_18

学校で女の人と男の人が話しています。男の人はどれくらい英語を勉強していますか。

F：木村くん、最近すごく英語が上手になったね。先生がすごくほめていたよ。

M：ありがとう。最近英語レッスンに通い始めたんだ。

F：そうなんだ。毎日？

M：ううん、**毎週月曜日と水曜日の2回だけだよ。**

> 月曜日、水曜日：英語レッスン

F：それだけで、英語が上手になるの？　私も英語レッスンに通おうかな。

M：あと、**毎週金曜日に留学生と英語を使って話をするレッスンがあるんだ**。そのレッスンに行くと、すごく勉強になるよ。今度一緒に行ってみない？　楽しいよ。

> 金曜日：留学生と英語を使って話をするレッスン

F：本当？　ぜひ行ってみたい。

男の人はどれくらい英語を勉強していますか。

□ほめる：to praise／夸奖，表扬／khen
□レッスン：lesson／课程／bài học
□通う：to commute to／来往，往返／đi học
□ぜひ：certainly／务必，一定／nhất định

6ばん　3　　🔊N4_2_19

男の人と女の人が話しています。だれが車を運転しますか。

M：今日は暑いなあ。ビールでも飲みに行こうよ。料理もビールもおいしいお店があるんだ。

F：お店までどうやって行くの？

M：車で行くのが一番いいと思うよ。

F：待って。車を運転するときは、お酒は飲んじゃいけないから、車で行くのはやめましょう。

M：それもそうだね。じゃあ、今日はやめておく？

F：でも、お店でおいしいごはんが食べたいな。私は今夜、飲まないことにするから、行きましょう。

M：ありがとう。<u>行くときはぼくが運転するから、帰りは君に運転をお願いするよ</u>。

だれが車を運転しますか。

男の人はお酒を飲むから、帰るときは運転できない。だから、帰るときはお酒を飲まない女の人が運転する。

覚えよう

□運転〈する〉：to drive ／驾驶／ lái xe
□どうやって：how ／怎样，如何／ làm thế nào
□やめる：to cease ／停止，放弃／ từ bỏ
□今夜 ：tonight ／今晚／ tối nay
□ぼく：me (used by young males) ／我（男子的自称）／ tôi
□帰り：coming home ／回来时，归途／ về
□君 ：you ／你／ cậu, em

7ばん　2　　🔊N4_2_20

電話で女の人と男の人が話しています。男の人は今どこにいますか。

F：もしもし？　私、今駅に着いたんだけど、もう着いている？

M：ごめんごめん、<u>実はまだ家でさ…</u>。

まだ家にいる。

F：え？　どうして？　もしかして寝坊したの？

M：違うよ。朝友だちから電話がかかってきて、急にお腹が痛くなったから、病院に一緒に行ってくれないかって頼まれたんだ。急いで友だちの家に行って、それから友だちを病院に連れていって、さっき帰ってきたところ。

F：え、それで友だちは大丈夫だったの？

M：病院に行ったから、もう大丈夫だよ。今から急いでそっちに行くね。

男の人は今どこにいますか。

覚えよう

□寝坊〈する〉：to oversleep ／睡懒觉／ ngủ nướng
□急に：suddenly ／突然／ đột ngột, bỗng nhiên, tự dưng
□急ぐ：to hurry ／加快，赶紧／ vội, gấp
□連れていく：to take someone along ／带着去／ dẫn đi

もんだい3

れい　1　🔊N4_2_22

友だちに借りた本にアイスクリームを落としてしまいました。何と言いますか。

F：1　本を汚してしまって、ごめんね。

　　2　本が汚れそうで、ごめんね。

　　3　本が汚れたみたいで、ごめんね。

1ばん　1　🔊N4_2_23

家に荷物を忘れてしまいました。荷物を家に取りに帰ります。何と言いますか。

M：1　今から取ってきます。

　　2　今から取っておきます。

　　3　今から取ってしまいます。

取ってくる＝取りに行って、戻ってくる

2ばん　3　🔊N4_2_24

子どもがたくさんお菓子を食べています。歯が痛いと言っています。何と言いますか。

F：1　歯が痛くなるはずがないよ。

　　2　お菓子を食べてもかまわないよ。

　　3　お菓子ばかり食べているからだよ。

〜ばかり＝〜だけ

3ばん　2　🔊N4_2_25

顔を洗っています。タオルがありません。何と言いますか。

M：1　タオルです。どうぞ。

　　2　タオル、取ってくれない?

　　3　タオル、使ってみるね。

「〜てくれない?」は「〜てくれませんか?」の[カジュアルな言い方（casual way of saying／较随意的说法／cách nói thông thường)]。

4ばん　1　🔊N4_2_26

靴が小さくて、はけません。何と言いますか。

M：1　もう少し大きいのはありますか。

　　2　もう少し大きくしましょうか。

　　3　もう少し大きくしてもいいですか。

大きいの＝大きい靴

5ばん　3　🔊N4_2_27

お菓子が置いてあります。食べたいです。何と言いますか。

F：1　お菓子を食べたらどうですか。

　　2　とてもおいしいですね。

　　3　食べてもいいですか。

「〜てもいいですか」は、そうしていいかどうかを聞くときに使う。

もんだい4

れい　1　N4_2_29

M：おみやげのお菓子です。ひとつどうぞ。
F：1　わあ、いただきます。
　　2　いえ、どういたしまして。
　　3　たくさん食べてくださいね。

1ばん　2　N4_2_30

F：昨日、赤ちゃんが生まれたそうですね。
M：1　おめでとうございます。
　　2　はい、おかげさまで。
　　3　えっ、本当ですか。

おかげさまで：thanks to you／托您的福／nhờ trời

2ばん　2　N4_2_31

F：明日はどこで待ち合わせしようか。
M：1　10時に会いましょう。
　　2　デパートの前はどうですか。
　　3　明日はお母さんと会うつもりです。

どこで→デパートの前で

　1　何時に→10時に
　　3　だれと→お母さんと

覚えよう
□待ち合わせ：appointment／见面，碰头／hẹn gặp

3ばん　3　N4_2_32

F：何を召し上がりますか。
M：1　山田太郎と申します。
　　2　教室にいらっしゃいますよ。
　　3　コーヒーとケーキをお願いします。

「召し上がる」は「食べる／飲む」のていねいな言い方。

4ばん　1　N4_2_33

M：お客様、申し訳ありませんが、今日は予約がいっぱいなんです。
F：1　そうですか、残念ですね。
　　2　いっぱいごはんを食べようと思います。
　　3　私が予約をしておきました。

予約がいっぱい＝予約ができない

覚えよう
□いっぱい：full／满满的／nhiều, đông
□残念：regrettable／遗憾，可惜／đáng tiếc

5ばん　3　N4_2_34

M：今度一緒に遊びに行こうよ。
F：1　一度遊んだことがあるよ。
　　2　遊んだかどうかわからないよ。
　　3　いいね、いつがいいかな？

6ばん　1　　N4_2_35

M：ここには座らないでください。

F：1　あ、すみません。

2　座っても、大丈夫です。

3　ううん、気にしないで。

3　気にしないで：don't worry about it ／别在意／ xin đừng bận tâm

7ばん　2　　N4_2_36

F：この料理はどうやって作るんですか。

M：1　私のお母さんです。

2　野菜を切って、玉子と一緒に焼くだけです。

3　みんなが好きな料理だからです。

どうやって：how ／怎样，如何／ bằng cách nào, làm thế nào

8ばん　3　　N4_2_37

M：いつから留学するつもりですか。

F：1　東京の大学に留学しようと思っています。

2　日本語が上手になりたいからです。

3　来年の春からです。

いつから：from when ／什么时候开始／ từ khi nào

第3回　解答・解説

Answers・Explanations／解答・解说／Đáp án・giải thích

ごうかくもし　かいとうようし

N4 げんごちしき（もじ・ごい）

第3回

じゅけんばんごう Examinee Registration Number		なまえ Name	

〈ちゅうい　Notes〉

1. くろいえんぴつ（HB、No.2）でかいてください。
   Use a black medium soft (HB or No.2) pencil.
   （ペンやボールペンではかかないでください。）
   (Do not use any kind of pen.)
2. かきなおすときは、けしゴムできれいにけしてください。
   Erase any unintended marks completely.
3. きたなくしたり、おったりしないでください。
   Do not soil or bend this sheet.
4. マークれい Marking Examples

よいれい Correct Example	わるいれい Incorrect Examples
●	⊗ ✓ ◯ ◎ ⊜ ⦶ ●

もんだい1	
1	① ● ③ ④
2	① ② ③ ●
3	① ② ③ ●
4	① ● ③ ④
5	● ② ③ ④
6	① ② ③ ●
7	① ② ③ ●
8	● ② ③ ④
9	① ② ● ④
もんだい2	
10	● ② ③ ④
11	① ● ③ ④
12	① ● ③ ④
13	① ● ③ ④
14	① ② ● ④
15	① ● ③ ④

もんだい3	
16	● ② ③ ④
17	① ② ③ ●
18	① ● ③ ④
19	① ② ③ ●
20	① ② ● ④
21	① ② ③ ●
22	① ● ③ ④
23	● ② ③ ④
24	① ② ③ ●
25	● ② ③ ④
もんだい4	
26	① ● ③ ④
27	● ② ③ ④
28	① ② ③ ●
29	① ② ● ④
30	① ② ● ④

もんだい5	
31	● ② ③ ④
32	① ● ③ ④
33	① ② ③ ●
34	① ● ③ ④
35	● ② ③ ④

ごうかくもし　かいとうようし

N4 げんごちしき（ぶんぽう）・どっかい

第3回

じゅけんばんごう Examinee Registration Number		なまえ Name	

〈ちゅうい　Notes〉

1. くろいえんぴつ（HB、No.2）でかいてください。
   Use a black medium soft (HB or No.2) pencil.
   （ペンやボールペンではかかないでください。）
   (Do not use any kind of pen.)
2. かきなおすときは、けしゴムできれいにけしてください。
   Erase any unintended marks completely.
3. きたなくしたり、おったりしないでください。
   Do not soil or bend this sheet.
4. マークれい Marking Examples

よいれい Correct Example	わるいれい Incorrect Examples
●	⊗ ✓ ◯ ⓪ ⊜ ⦶ ●

もんだい1				
1	①	②	③	●
2	①	②	③	●
3	●	②	③	④
4	①	②	③	●
5	●	②	③	④
6	①	●	③	④
7	①	②	●	④
8	①	②	●	④
9	①	②	●	④
10	①	●	③	④
11	①	●	③	④
12	①	●	③	④
13	①	②	●	④
14	①	●	③	④
15	●	②	③	④
もんだい2				
16	●	②	③	④
17	①	②	③	●
18	●	②	③	④
19	①	②	●	④
20	①	●	③	④

もんだい3				
21	●	②	③	④
22	①	②	③	●
23	①	②	●	④
24	①	②	●	④
25	①	●	③	④
もんだい4				
26	①	●	③	④
27	●	②	③	④
28	●	②	③	④
29	①	②	●	④
もんだい5				
30	①	●	③	④
31	①	②	●	④
32	①	②	③	●
33	●	②	③	④

もんだい6				
34	●	②	③	④
35	①	●	③	④

ごうかくもし　かいとうようし

N4 ちょうかい

第3回

じゅけんばんごう Examinee Registration Number		なまえ Name	

〈ちゅうい　Notes〉

1. くろいえんぴつ（HB、No.2）でかいてください。
   Use a black medium soft (HB or No.2) pencil.
   （ペンやボールペンではかかないでください。）
   (Do not use any kind of pen.)
2. かきなおすときは、けしゴムできれいにけしてください。
   Erase any unintended marks completely.
3. きたなくしたり、おったりしないでください。
   Do not soil or bend this sheet.
4. マークれい Marking Examples

よいれい Correct Example	わるいれい Incorrect Examples
●	⊗ ✓ ○ ◎ ⊜ ⦶ ●

もんだい1

れい	①	②	③	●
1	①	②	③	●
2	①	②	③	●
3	①	②	●	④
4	①	②	●	④
5	①	②	●	④
6	●	②	③	④
7	①	②	③	●
8	①	●	③	④

もんだい2

れい	①	②	③	●
1	①	●	③	④
2	①	②	●	④
3	①	②	●	④
4	①	②	③	●
5	●	②	③	④
6	①	●	③	④
7	●	②	③	④

もんだい3

れい	●	②	③
1	①	●	③
2	①	●	③
3	●	②	③
4	①	②	●
5	①	②	●

もんだい4

れい	●	②	③
1	●	②	③
2	①	●	③
3	①	●	③
4	①	②	●
5	●	②	③
6	①	②	●
7	●	②	③
8	①	②	●

第3回　採点表 (Scoring Chart ／评分表／ Bảng chấm điểm)

		配点 Allocation of points ／ 分数分配／ Thang điểm	正答数 Number of correct answers ／正答数／ Số câu trả lời đúng	点数 Number of points ／ 得分／ Số điểm đạt được
もじ・ごい	もんだい1	1点×9問	／ 9	／ 9
	もんだい2	1点×6問	／ 6	／ 6
	もんだい3	1点×10問	／10	／10
	もんだい4	1点×5問	／ 5	／ 5
	もんだい5	1点×5問	／ 5	／ 5
ぶんぽう	もんだい1	1点×15問	／15	／15
	もんだい2	2点×5問	／ 5	／10
	もんだい3	2点×5問	／ 5	／10
どっかい	もんだい4	5点×4問	／ 4	／20
	もんだい5	5点×4問	／ 4	／20
	もんだい6	5点×2問	／ 2	／10
	ごうけい	120点		／120

		配点	正答数	点数
ちょうかい	もんだい1	3点×8問	／ 8	／24
	もんだい2	2点×7問	／ 7	／14
	もんだい3	3点×5問	／ 5	／15
	もんだい4	1点×8問	／ 8	／ 8
	ごうけい	61点		／61

60点になるように計算してみましょう。

Try calculating so it adds up to 60 points. ／以60分满分为基准计算得分吧。／ Hãy thử tính sao cho đạt 60 điểm.

□点÷61×60＝□点

※この採点表の配点は、アスク出版編集部が問題の難易度を判断して独自に設定しました。

*The point allocations for these scoring charts were established independently by the editors at Ask Publishing based on their assessment of the difficulty of the questions.

*此评分表的分数分配是由ASK出版社编辑部对问题难度进行评估后独自设定的。

*Thang điểm của bảng chấm điểm này do Ban Biên tập Nhà xuất bản ASK thiết lập riêng, dựa trên đánh giá độ khó dễ của đề thi.

※日本語能力試験N4は、2020年度第2回試験より、試験時間および問題数の目安に一部変更がありました。
最新の情報は日本語能力試験のWebサイト（https://www.jlpt.jp/）をご覧ください。

言語知識（文字・語彙）

もんだい1

1 **2 つき**

着(つ)く：to arrive ／到达／ đến

1 泣(な)く：to cry ／哭，哭泣／ khóc

3 届(とど)く：to reach ／送达，收到／ đến, đạt đến

4 聞(き)く：to hear ／听／ nghe, hỏi

2 **4 し**

死(し)ぬ：to die ／死／ chết

3 **4 ぎゅうにく**

牛肉(ぎゅうにく)：beef ／牛肉／ thịt bò

1 鶏肉(とりにく)：chicken ／鸡肉／ thịt gà

2 豚肉(ぶたにく)：pork ／猪肉／ thịt lợn

4 **2 りょかん**

旅館(りょかん)：Japanese-style inn ／日式旅馆／ lữ quán, khách sạn kiểu Nhật

1 ホテル：hotel ／酒店／ khách sạn

5 **1 そら**

空(そら)：sky ／天空／ bầu trời

2 星(ほし)：star ／星星／ sao

3 月(つき)：moon ／月亮／ trăng

6 **4 た**

足(た)りる：to be sufficient ／足够／ đủ

7 **4 しあい**

試合(しあい)：match ／比赛／ trận đấu

2 試験(しけん)：test ／考试／ kì thi, bài thi

8 **1 すいて**

空(す)く：to be empty ／空，数量少／ đói, trống

2 泣(な)く：to cry ／哭，哭泣／ khóc

3 聞(き)く：to hear ／听／ hỏi, nghe

4 咲(さ)く：to bloom ／花开，绽放／ nở

9 **3 ふく**

服(ふく)：clothes ／衣服／ quần áo

1 靴(くつ)：shoe ／鞋子／ giày

4 雨(あめ)：rain ／雨／ mưa

もんだい2

10 **1 広い**

広(ひろ)い：spacious ／宽敞／ rộng

2 長(なが)い：long ／长／ dài

3 狭(せま)い：narrow ／狭窄／ hẹp

4 細(ほそ)い：thin ／细，细小／ thon dài, mảnh mai

11 **2 歌って**

歌(うた)う：to sing ／唱歌／ hát

1 踊(おど)る：to dance ／跳舞／ nhảy múa

3 笑(わら)う：to laugh ／笑／ cười

4 怒(おこ)る：to get angry ／生气，发怒／ tức giận

12 **2 困って**

困(こま)る：to be troubled ／为难，难办／ khốn đốn, khó khăn

13 **2 別れ**

別(わか)れる：to separate ／分别，分开／ chia tay

1 集(あつ)まる：to gather ／聚集，集合／ tập trung, tập hợp

3 急(いそ)ぐ：to hurry ／加快，赶紧／ vội, gấp rút

4 回(まわ)る：to spin ／转，旋转／ đi quanh, xoay

14 **3 特に**

特に：especially ／特别／ đặc biệt

15 **2 紹介**

紹介：introduction ／介绍／ giới thiệu

1 招待：invitation ／招待／ mời, chiêu đãi

もんだい3

16 **1 むり**

無理：impossible ／办不到／ quá sức, quá khả năng

2 上手：skillful ／擅长，拿手／ giỏi

3 好き：likeable ／喜欢／ thích

4 きらい：dislikable ／讨厌／ ghét

17 **4 におい**

匂い：smell ／气味／ mùi

1 声：voice ／声音／ giọng

2 味：taste ／味道／ vị

3 色：color ／颜色／ màu

18 **2 おくれて**

遅れる：to be late ／迟，迟到／ trễ, muộn

1 忘れる：to forget ／忘记／ quên

3 間に合う：to make it in time ／赶得上，来得及／ kịp, đúng lúc

4 参加する：to participate ／参加／ tham gia

19 **4 びっくり**

びっくり：surprising ／吃惊／ ngạc nhiên, giật mình

1 はっきり：clearly ／清楚，明确／ rõ ràng

2 そっくり：entirely ／一模一样／ giống, như đúc

3 しっかり：firmly ／坚挺，牢固／ chắc chắn, đáng tin cậy

20 **3 なかなか**

なかなか…ない：not really ... ／难以…／ mãi mà không...

1 少々：a little ／稍微／ một chút, một lát

2 やっと：finally ／终于／ cuối cùng thì

4 無理に：unreasonably ／勉强／ quá sức

21 **4 いがい**

以外：with the exception of ／以外／ ngoài ra

1 以内：within ／以内／ trong vòng

2 以下：~ and below ／以下／ dưới, dưới đây, sau đây

3 以上：~ and above ／以上／ trên

22 **2 こうつう**

交通：traffic ／交通／ giao thông

1 道路：road ／道路／ đường, con phố

3 空港：airport ／机场／ sân bay

4 駅：station ／车站／ nhà ga

23 **1 じゅんび**

準備：preparation ／准备／ sự chuẩn bị

2 連絡：contact ／联系／ sự liên lạc

3 案内：guidance ／向导，陪同游览／ sự hướng dẫn

4 返事：reply ／回信，回话／ việc trả lời

24 **4 うで**

うで：arm ／手臂／ cánh tay

1 かお：face ／脸／ mặt

2 のど：throat ／喉咙／ họng, cổ họng

3 はな：nose ／鼻子／ mũi

25 **1 めずらしい**

めずらしい：rare ／罕见，珍贵／ hiếm

2 めったに…ない：seldomly ... ／几乎不… ／ hiếm khi

3 難しい：difficult ／难／ khó, khó khăn

4 少ない：few ／少／ ít

もんだい4

26 2 なまえを　かかなくても　いいです。

必要：necessary／必要，需要／cần thiết

27 1 この　へやは　さむいですね。

冷える：to chill／冷，觉得冷／lạnh

寒い：cold／冷，寒冷／lạnh

2 暖かい：warm／暖，温暖／ấm áp

3 明るい：bright／明亮／sáng sủa

4 暗い：dark／昏暗，黑暗／tối

28 4 わたしは　けっこんして　いません。

独身：single／单身／độc thân

29 3 きょうしつに　たくさん　人が　います。

おおぜい＝たくさん：many／很多，大量／nhiều, đông

1 何人かいる：there are several people／有几个人／có mấy người

2 だれもいない：there is no one／一个人也没有／không có ai

4 まあまあ人がいる：there are a few people／有一些人／có tàm tạm

30 3 わたしは　ねるまえに　ときどき　おんがくを　ききます。

たまに：sometimes／有时，偶尔／thi thoảng, đôi khi

ときどき：sometimes／有时，偶尔／thỉnh thoảng

1 かならず：definitely／一定，必须／nhất định

2 いつも：always／每次，经常／lúc nào cũng

4 たいてい：mostly／大概，通常／đại loại, đại thể, nói chung

もんだい5

31 1 いい　てんきだったので、せんたくものが　よく　かわきました。

かわく：to dry／干，干燥／khô

2 昼ごはんを食べなかったので、おなかが空きました。

空く：to be empty／空／đói

4 テニスをしたので、体が疲れました。

疲れる：to get tired／累，疲惫／mệt

32 2 しょうらいは　おかねもちに　なりたいです。

将来：future／将来／tương lai

1 この犬はこれから大きくなります。

33 4 りっぱな　スピーチでしたね。

りっぱ：splendid／出色，优秀／tuyệt vời, tuyệt hảo

1 もっときれいにそうじしてください。

3 大変だと思いますが、がんばってください。

34 2 先生が　テストの　もんだいようしを　くばります。

くばる：to distribute／分配，分发／phát, phân phát

1 花に水をやります。

3 コーヒーにさとうを入れます。

4 お母さんは赤ちゃんにミルクを飲ませます。

35 1 やっと　ゆきが　やみました。

やむ：to stop／（雨，雪，风）停止／tạnh, ngưng

2 好きだった先生が辞めました。

辞める：to quit／辞职／nghỉ việc, bỏ việc, nghỉ hưu

3 学校の前で車が止まっています。

4 子どもが泣いていましたが、止まりました。

止まる：to stop／停止／ngưng, dừng

言語知識（文法）・読解

◆文法

もんだい1

1 **4 が**

母が料理をするのを手伝います。

［修飾節（modifier clause／修饰成分／mệnh đề bổ ngữ）］の中は「は」ではなく「が」になる。

れい　父が日本に来るのを楽しみにしています。

2 **4 いいし**

〜し…も：［強調（emphasis／强调／hiển thị ý nhấn mạnh）］を表す。

れい　中村先生はやさしいし、授業もおもしろい。

3 **1 ところ**

動詞辞書形（verb dictionary form／动词辞书形／động từ thể tự điển）＋ところ：just about to do ~／正要做…／chuẩn bị làm~

れい　これから、シャワーを浴びるところです。

※〜ているところ：currently doing ~／正在做…／đang~

れい　いま、シャワーを浴びているところです。

4 **4 に**

に気がつく／気づく：to realize／发觉，注意到／nhận ra

5 **1 書きかた**

動詞ます形（verb ます form／动词ます形／động từ thể masu）＋かた：way of doing ~／…的方法／cách~

れい　使いかた　やりかた

6 **2 に**

〜ときに：when ~／…的时候／khi

れい　旅行のときにおみやげをたくさん買いました。

7 **3 ひまだ**

普通形（plain form／简体／thể thông thường）＋そうだ：［伝聞（rumor／传闻／hiển thị ý truyền tin）］を表す。

れい　天気予報によると、あした台風が来るそうだ。

※な形容詞（な adjective／な形容词／tính từ Na）は、［な形容詞だ］の形を使う。

れい　中村さんが住んでいる町はとても静かだそうだ。

8 **3 ばかり**

〜たばかり：having just ~／刚刚…／vừa mới

れい　ごはんを食べたばかりだから、おなかがいっぱいだ。

9 **3 の**

赤いの＝赤いぼうし

「の」は［名詞の代わりに（in place of a noun／代替名词／sử dụng thay thế cho danh từ）］使うことができる。

10 **2 かるくて**

〜て：［並列（arranging in a line／并列／song song, song hành）］を表す。

れい　このお店の料理は安くておいしいです。

11 **2 あくでしょう**

〜でしょう：it will likely ~／大概是…吧／có lẽ

れい　あしたは雨が降るでしょう。

12 2 ねませんでした

～しか…ない：only ... ～／仅…／chỉ...

れい　晩ごはんはパン1つしか食べませんでした。

13 3 しかられない

「しかられる」は「しかる」の［受身形（passive form／被动形／thể bị động)］。

14 2 休ませてください

～させてください：please allow me to ～／请让我…／hãy cho phép tôi...

れい　この仕事をぜひやらせてください。

15 1 さびしくなくなりました

～なくなる：to become not ～／变得不…／trở nên không~

れい　足をけがして、サッカーができなくなった。

もんだい2

16 1

毎日カレーを　2食べさせられて　1ばかり　3で　4いや　になります。

～てばかり：何回も…。

「食べさせられる」は「食べる」の［使役受身形（causative passive form／使役被动形／hình thức bị động sai khiến)］。

17 4

両親に　1反対　3されても　4留学　2する　つもりです。

～ても：even if ～／即使…／cho dù~

～つもり：intending to ～／打算…／dự định

18 1

前はきらいだったけれど、2バナナが　4食べられる　1ように　3なった。

～ようになる：［変化（change／变化／hiển thị sự thay đổi)］を表す。

19 3

料理が　3上手な　2姉が　4作った　1ケーキ　です。食べてみてください。

20 2

部長が　3好きな　1お酒を　2さしあげる　4ことに　しました。

さしあげる：to give／给／biếu, tặng

～ことにする：そうすると決める。

もんだい3

21 1 には

［場所］に［もの］がある

れい　机の上に本がある。

※［場所］に［人・動物］がいる

れい　木の上に鳥がいる。

22 4 建てられました

足利義満という人によって建てられた＝足利義満という人が建てた

「によって」の後ろは、［動詞の受身形（verb passive form／动词被动形／hình thức bị động của động từ)］を使う。

れい　『源氏物語』は、紫式部という人によって書かれました。

23 3 も

～も：～too／也…／cũng

れい　田中さんは大学生です。中村さんも大学生です。

24 3 写真を撮っていただけませんか

～ていただけませんか：Could you please ~?／能否请你…／có thể ~ giúp cho tôi được không?

25 2 いつか

いつか：sometime／总有一天／một lúc nào đó

1 どこか：somewhere／某处／ở đâu đó

3 だれか：someone／某人／ai đó

4 どれか：any of／某一个／cái nào đó

◆読解

もんだい4

(1) 26 2

お掃除ボランティアのみなさんへ

毎週土曜日にやっている、町のお掃除ボランティアですが、**1いつも集まっている公園が工事で、使えません。**そこで、来週から、**2集まる場所を公園ではなく、駅前の駐車場にすることにしました。3時間はいつもと同じです。**朝9時に、ごみ袋を持って駐車場に来てください。**4何かわからないことがあったら、田中さんに連絡してください。**

1 工事をすることは一番伝えたいことではない

2 ○

3 集まる時間は変わっていない

4 わからないことがあるときだけ、田中さんに連絡する

覚えよう

□ボランティア：volunteer／志愿者／tình nguyện

□集まる：to gather／集合／tập hợp, tụ tập, tập trung

□工事：construction／施工／công trình, công sự

□ごみ袋：trash bag／垃圾袋／túi rác

□連絡〈する〉：to contact／联系／liên lạc

(2) 27 1

お酒は体によくないから、飲まないという人がいます。しかし、**2お酒を飲むと、気分がよくなり、ストレスを減らすことができるという人もいます。**ただし、**3毎日お酒を飲み続けたり、4一回にたくさんのお酒を飲んだりするのはやめましょう。**また、何も食べないで、お酒だけを飲む飲み方も、体にはよくないので、注意してください。

2「ストレスを減らしながら、お酒を飲む」はお酒の飲み方ではない

3「毎日お酒を飲み続ける」はよくない飲み方

4「一回にたくさんのお酒を飲む」はよくない飲み方

覚えよう

□気分：mood／心情／tâm trạng, tinh thần

□ストレス：stress／压力／thần kinh căng thẳng, bệnh stress

□減らす：to decrease／减少，减轻／giảm

□ただし：however／但是／tuy nhiên

□飲み続ける：to continue drinking／不停地喝／tiếp tục uống

□注意〈する〉：to caution／注意／chú ý

(3) 28 1

山川さんへ

今日、会議をする部屋はせますぎるので、1 **もう少し大きい部屋に変えてもらえますか**。

2 **会議で使うパソコンは、私が用意しておきます**。

3 **田中くんが資料をコピーするのを手伝ってくれました**。4 **資料は机の上に置いておきます**。

今日の会議は長くなりそうですが、がんばりましょう。

上田

1 ○

2 上田さんがパソコンを用意する

3 コピーを手伝ったのは田中くん

4 上田さんが資料を机の上に置いた

覚えよう

□会議：meeting ／会议／ hội nghị, họp
□もう少し：a little more ／再稍微／ một chút nữa
□変える：to change ／改变，变更／ thay đổi
□用意：preparation ／准备／ chuẩn bị, sẵn sàng
□資料：materials ／资料／ tài liệu
□手伝う：to help ／帮忙／ giúp đỡ

(4) 29 3

私は、先月から動物園のアルバイトを始めました。仕事は、1 **動物園に来るお客さんを案内したり**、2 **お客さんに動物について説明したりすることです**。子どもたちには、動物のことがいろいろわかるように、3 **動物の絵や写真を見せながら**、4 **わかりやすく話すようにしています**。毎日忙しいですが、かわいい動物に会えて、とても楽しいです。

1 この人の仕事

2 この人の仕事

3 動物の絵や写真をあげるのではなく、見せることがこの人の仕事

4 この人の仕事

覚えよう

□アルバイト：part-time job ／打工，兼职／ việc làm thêm
□始める：to begin ／开始／ bắt đầu
□案内〈する〉：to guide ／向导，陪同游览／ hướng dẫn, chỉ dẫn
□説明〈する〉：to explain ／说明／ giải thích
□見せる：to show ／让…看／ cho xem
□わかりやすく話す：to speak in a way that is easy to understand ／说得简单易懂／ nói dễ hiểu

もんだい5

30 2　**31** 3　**32** 4　**33** 1

日本人は、だれかの話を聞いているあいだ、たくさんあいづちを打つ。あいづちを打つとは、何回も「うん、うん」や「へー」、「そうですね」と言ったり、頭を上下にふったりすることだ。**32あいづちは、「あなたの話を聞いていますよ」、「どうぞ、話を続けてください」ということを伝えるためのものである。**

しかし、外国では、人の話を聞くときは、相手の目を見て、話し終わるまで、何も言わないほうがいいと考える文化もある。もし、その人と日本人が話すことがあったら、話している外国人には、**30話を聞いている日本人が「うん、うん」、「はい、はい」などのことばを言い続けるので**、①うるさいと思う人もいるだろう。反対に、**31日本人は話をしているとき、外国人があいづちを打たないので**、②不安に思ってしまうことが多いのではないかと思う。

文化が違うと、コミュニケーションの方法も違う。だから、日本人と外国人では、**33「(　　　　　)」ということを伝える方法が違うことを理解して、コミュニケーションのやりかたを考えたほうがいい**。そうすれば、あいづちを打っても、打たなくても、気持ちよくコミュニケーションができるはずである。

32　日本人はあいづちを打つことで、「あなたの話を聞いていますよ」ということを伝えるが、外国人は相手の目を見て話を聞く

30　「うん、うん」、「はい、はい」などのことばを言い続ける＝たくさんあいづちを打つ

31　外国人はあいづちを打たないので、日本人にとっては「あなたの話を聞いていますよ」という［サイン (sign ／暗示／dấu hiệu)］がない

33　気持ちいいコミュニケーションのためには、相手のコミュニケーションの方法を理解することが大切

覚えよう

□あいづちを打つ：to give a response ／帮腔／ sử dụng những từ ngữ hay động tác biểu hiện sự đồng ý, tán đồng trong khi nói chuyện
□上下にふる：to shake up and down ／上下摆动／ gật đầu lên xuống
□反対に：oppositely ／相反／ trái lại
□不安：anxiety ／不安，担心／ bất an
□コミュニケーション：communication ／沟通，交流／ giao tiếp
□方法：method ／方法／ phương pháp
□理解〈する〉：to understand ／理解／ lý giải, hiểu
□〜はず：should be ~ ／应该…／ chắc chắn

もんだい6

34 1　35 2

いらない自転車をさしあげます！

A

1年前に12,000円で買いましたが、買った値段から50%安くして、ほしい人にあげます。あまり使わなかったので、とてもきれいで、壊れているところもありません。

34 月曜日、火曜日、金曜日は授業とアルバイトがあるので、電話に出られないと思います。それ以外の日に電話してください。できれば午後がいいです。家まで無料で届けに行きます。

前田：090-0000-0000

B

車を買ったので、自転車がいらなくなりました。高校のとき、3年間使いました。少し壊れているところがありますが、直せばすぐに乗れます。**35 値段は7,000円ですが、家まで取りに来てくれるなら、2,000円安くします。**家は大学から歩いて5分くらいのところにあります。

34 月曜日から金曜日までは授業で忙しいので、電話に出られません。ほしい人は必ず土日に電話してください。

中山：044-455-6666

C

古い自転車をただであげます。かなり古いので、自転車のお店で直してもらわなければいけないと思います。お店の人に聞いたら、直すのに5,000円くらいかかると言われました。家まで自転車を届けるので、1,000円お願いします。

質問がある人は、何でも聞いてください。**34 午後はアルバイトがあるので電話に出られませんが、午前中ならいつでも大丈夫です。**

トム：090-1111-1111

34 木曜日の午後は電話に出られる

35 家に取りに行けば、5,000円払えばいい。
A：12,000円×50%＝6,000円。
C：5,000円＋1,000円（送料）＝6,000円

34 平日は電話に出られない

34 午後は電話に出られない

覚えよう

□値段：price ／价格，价钱／ giá
□壊れる：to break ／坏／ hư, hỏng
□電話に出る：to take a call ／接电话／ nghe điện thoại
□以外：with the exception of ／以外／ ngoài ra
□無料：free ／免费／ miễn phí
□届ける：to reach ／送达／ chuyển
□直す：to fix ／修理／ sửa chữa
□ただ：free ／免费／ miễn phí
□かなり：considerably ／相当／ khá

聴解

もんだい1

れい　4　　N4_3_03

女の人と男の人が電話で話しています。女の人はこのあとまず何をしますか。

F：もしもし。今、駅前の郵便局の前にいるんだけど、ここからどうやって行けばいいかな？

M：郵便局か。そこから大きな茶色いビルは見える？

F：うん、見えるよ。

M：信号を渡って、そのビルの方へ歩いてきて。ビルの横の道を2分くらい歩くとコンビニがあるから、その前で待っていて。そこまで迎えに行くよ。

F：うん、わかった。ありがとう。

M：うん、じゃあまたあとで。

女の人はこのあとまず何をしますか。

1ばん　4　　N4_3_04

娘が父に電話をしています。父はまず何をしなければなりませんか。

F：もしもし、お父さん、まだ家にいる？

M：**今から出かけるところだよ。**

まだ出かけていない

F：間に合ってよかった。机の上に手紙が置いてあるんだけど、郵便局に行って手紙を出してくれない？

M：手紙だね。いいよ。

F：あと、帰りに牛乳を買ってきて。

M：うん、わかった。

F：**出かけるときはちゃんと電気を消しておいてね。**お父さんが出かけるとき、いつも電気がついたままなんだから。

電気を消してから出かける

電気を消す→出かける→郵便局に行く→牛乳を買う

M：わかった、わかった。

父はまず何をしなければなりませんか。

覚えよう

□間に合う：to make it in time ／赶得上，来得及／ kịp lúc, kịp giờ

2ばん　4

N4_3_05

女の人と男の人が話しています。女の人はまず何をしますか。

F：田中さん、お菓子を買ってきたので、一緒に食べませんか。

M：ああ、ぼくはあとでいただくよ。今、ちょっと忙しくて…。

F：何かお手伝いしましょうか。

M：頼むよ。2**今この書類をコピーしているから**、終わったら、書類を袋に一枚ずつ入れていってほしいんだ。

F：わかりました。

M：あ、4**袋に入れる前に、ちゃんと相手の名前が書いてあるか確認して**。袋に入れてからだと、やりにくいから。

F：はい。

女の人はまず何をしますか。

2　コピーしているのが男の人

4　袋に名前が書いてあるかを確認してから、書類を袋に入れる

覚えよう

□手伝う：to help ／帮忙／ giúp đỡ
□頼む：to request ／拜托，恳求／ yêu cầu, nhờ
□書類：document ／文件，资料／ giấy tờ, tài liệu
□一枚ずつ：one (sheet) at a time ／一张一张地／ từng tờ
□確認〈する〉：to confirm ／确认／ xác nhận

3ばん　3

N4_3_06

郵便局で男の人と郵便局の人が話しています。男の人はいくら払いますか。

M：すみません、この荷物を北海道までお願いします。

F：かしこまりました。1**北海道まで1,500円**です。

M：あ、今日送ったら、北海道にいつ届きますか。

1　1,500円：3日かかる

第3回

文字・語彙　文法　読解　聴解

F：北海道なら、1 3日後に届きます。

M：あのう、できれば早く届けたいんですが、できますか。

F：3 明日届くサービスは2,000円、2 2日後に届くサービスは1,800円です。

M：じゃあ、一番早く届くサービスをお願いします。

F：かしこまりました。

男の人はいくら払いますか。

1　1,500円：3日かかる
2　1,800円：2日かかる
3　2,000円：1日　かかる○

覚えよう

□払う：to pay ／支付／ trả
□届く：to arrive ／送达，收到／ đến, tới
□届ける：to deliver ／送达／ chuyển
□サービス：service ／服务／ dịch vụ

4ばん　3　N4_3_07

学校で、先生がテストについて話しています。テストでは、何をしてはいけませんか。

M：明日は、301の教室でテストをします。いつもの教室ではありませんから、注意してください。301の教室には時計がありませんから、みなさん、自分で時計を持ってきてくださいね。テストは必ずえんぴつで書いてください。**ボールペンは使わないでください**。ノート、教科書、携帯電話は必ずかばんの中に入れて、かばんは教室の後ろのテーブルに置いてください。

テストでは、何をしてはいけませんか。

ボールペンで書いてはいけない

覚えよう

□注意〈する〉：to caution ／注意／ chú ý
□必ず：necessarily ／一定／ nhất định
□教科書：textbook ／教科书／ sách giáo khoa

5ばん　4

N4_3_08

女の人と男の人が旅行の準備をしています。女の人は、ほかに何を入れますか。

F：えっと、カメラは入れた。下着、靴下も入れた。これで準備は終わったかな。

M：ア**セーターも持っていったほうがいいんじゃない？**夏だけど、山の上に行くんだから。

F：ア**うん、もう入れたよ。**

M：山の上は寒いかもしれないから、イ**手袋も持っていったほうがいいかな。**

F：イ**そこまではいらないんじゃない？**

M：**じゃあ帽子は持っていこう。山の中を歩くから、歩きやすい靴もいると思うよ。**

F：**そうだね。わかった。**

女の人は、ほかに何を入れますか。

ア　セーターはもう入れた

イ　手袋は必要ないので入れなくてもいい

入れるのは帽子と靴だけ

覚えよう

□準備：preparation ／准备／ chuẩn bị
□下着：underwear ／内衣，贴身衣物／ đồ lót
□手袋：glove ／手套／ găng tay
□いる：to need ／需要／ cần

6ばん　1

N4_3_09

デパートで女の店員と男の人が話しています。男の人は、どれを選びますか。

F：いらっしゃいませ。何をお探しでしょうか。

M：母の誕生日にハンカチをプレゼントしようと思っているんですけど、どれにするか迷っているんです。

F：ではこちらはどうですか。**シンプルですが、細いリボンがおしゃれですよ。**

M：うーん、こういうの、もう持ってるかもしれないな。

店員が最初に紹介したのは、シンプルで細いリボンがついているハンカチ

F：ではこの花の絵のハンカチはどうですか。かわいくて人気がありますよ。

M：うーん、ちょっとかわいすぎるな。

F：そうですか。ではこちらはどうでしょう。大きいリボンがついています。

M：うーん、色がちょっと…。**やっぱり最初のにします。**

F：かしこまりました。ありがとうございます。

男の人は、どれを選びますか。

店員が最初に紹介したのは、シンプルで細いリボンがついているハンカチ

覚えよう

□探す：to look for／找／tìm kiếm
□誕生日：birthday／生日／ngày sinh nhật
□プレゼント：present／礼物／quà
□迷う：to lose one's way／犹豫，拿不定主意／lúng túng, bối rối
□シンプル：simple／简洁，朴素／đơn giản
□リボン：ribbon／丝带，缎带／nơ
□おしゃれ：stylish／时髦，时尚／tân thời, sang chảnh, đẹp
□人気：popular／受欢迎／được yêu thích
□最初：first／最初／ban đầu

7ばん　4

N4_3_10

学校で女の学生と先生が話しています。女の学生はだれから本をもらいますか。

F：あのう、先生。先生が授業で「この本はおもしろいから読んだほうがいい」とおっしゃっていた本を貸していただけないでしょうか。

M：ああ、あの本ね。図書館にはなかった？

F：はい。図書館の人に聞きました。その本は、ほかの学生が借りているそうです。

M：そうですか。実は少し前に林くんにその本を貸したところなんだ。

F：そうなんですか。

M：林くんが読み終わったら、君に渡すように伝えておきますね。

F：はい、ありがとうございます。

女の学生はだれから本をもらいますか。

林くんが本を読み終わったら、直接女の学生に渡す。

覚えよう

□おっしゃる：to say ／说／ nói
□読み終わる：to finish reading ／阅读完毕／ đọc xong
□君：you ／你／ cậu, bạn, em
□渡す：to hand over ／交给／ trao, đưa
□伝える：to convey ／传达，告诉／ nói lại, truyền đạt

8ばん　2　N4_3_11

男の人が話しています。車をどこに止めますか。

M：お客様にお知らせします。今日は、花火大会があるので、スーパーの駐車場は使えません。特別駐車場は、橋の下にございます。ご近所の方の迷惑になりますので、小学校の前や道にも止めないでください。よろしくお願いします。

車をどこに止めますか。

スーパーの駐車場、小学校の前、道に車を止めてはいけないので、橋の下にある特別駐車場に車を止める。

覚えよう

□止める：to stop ／停／ dừng lại, đỗ lại
□知らせる：to let someone know ／通知／ thông báo
□花火大会：fireworks display ／烟花大会／ đại hội/ lễ hội pháo hoa
□駐車場：parking lot ／停车场／ bãi đậu xe
□特別：special ／特別／ đặc biệt
□近所の方：neighbor ／附近的居民／ những người xung quanh
□迷惑：nuisance ／麻烦，打扰／ làm phiền

もんだい2

れい　4　　N4_3_13

女の人と男の人が話しています。女の人は、結婚式で何を着ますか。

F：明日の友だちの結婚式、楽しみだな。

M：そうだね。何を着るか決めたの？

F：本当は着物を着たいんだけど、一人じゃ着られないし、動きにくいんだよね。

M：そうだね。

F：それで、このピンクのドレスにしようと思ってるんだけど、どうかな。

M：うーん、これだけだと寒いと思うよ。

F：そうかな。じゃあ、この黒いドレスはどう？　これは寒くないよね。

M：そうだけど、短すぎない？

F：そう？　短いほうがおしゃれでしょう。決めた。これにする。

女の人は、結婚式で何を着ますか。

1ばん　2　　N4_3_14

女の人と男の人が電話で話しています。男の人は何時に家に帰りますか。

F：もしもし。今日は何時くらいに家に帰れる？

M：まだわからないよ。今から５時半まで会議をして、それから、書類をチェックしないといけないんだ。それをするのに、１時間くらいかかると思う。

F：そうなんだ。実は朝からずっと頭が痛くて…。一緒に病院に行ってほしいんだ。

M：大丈夫？　会議は休めないけど、書類チェックは明日やればいいから、会議が終わったらすぐ帰るよ。

今日は書類をチェックしないで、会議が終わったら家に帰る。
5時半＝5時30分

F：ありがとう。

M：電車で帰るから30分はかかると思う。病院に行く準備をしておいて。

F：うん、わかった。

男の人は何時に家に帰りますか。

覚えよう

□書類：documents ／文件，资料／ giấy tờ, tài liệu
□チェック：check ／检查，核对／ kiểm tra
□ずっと：the whole time ／一直，始终／ mãi, suốt
□～てほしい：want someone to ~ ／希望某人…／ muốn~
□準備：preparation ／准备／ chuẩn bị

2ばん　3 　N4_3_15

女の人と男の人が話しています。男の人はどうしてごはんを食べませんか。

F：あれ？　ぜんぜん食べてないけど、どうしたの？　おいしくない？

M：いや、おいしいよ。

F：じゃあ、お腹が痛いとか？

M：そんなことないよ。でもカレーはちょっと…。**<u>今日のお昼にカレーを食べたばかりだから</u>**。

F：そっか。病気かもしれないと思って、心配したよ。

男の人はどうしてごはんを食べませんか。

～たばかり：having just done ~ ／刚刚… ／ vừa mới

だから：[原因・理由 (cause・reason ／原因・理由／ hiển thị lý do)] を表す。

覚えよう

□ぜんぜん：(not) at all ／完全，丝毫／ hoàn toàn
□心配〈する〉：to worry ／担心／ lo lắng

3ばん　3

N4_3_16

男の人と女の人がバーベキューの準備をしています。二人は何を持っていくことにしましたか。

M：えっと、**1バーベキューのお肉は、確か田中くんが買ってきてくれるんだよね。**

F：うん。今日は暑くなりそうだから、たくさん飲み物を持っていったほうがいいよね。

M：うん。**2でも飲み物は冷たいほうがいいから、バーベキュー場で買おうよ。**

F：そっか。それなら重くないし、便利だし、そっちのほうがいいよね。**3あ、たくさん汗をかくから、タオルもたくさん持っていこう。**

M：そうだね。バーベキューのとき、いすがあると便利だと思うんだけど、持っていく？

F：それは、**4向こうで貸してくれるから、いらないよ。**

二人は何を持っていくことにしましたか。

1　田中くんはお肉を買う

2　バーベキュー場で飲み物を買う

3　○

4　バーベキュー場でいすを借りる

覚えよう

□バーベキュー：barbeque ／户外烧烤／ bữa tiệc thịt nướng ngoài trời
□準備：preparation ／准备／ chuẩn bị
□確か：sure ／似乎／ chắc là
□冷たい：cold ／冰的，凉的／ lạnh
□バーベキュー場：barbeque area ／户外烧烤场／ nơi tổ chức tiệc thịt nướng ngoài trời
□汗をかく：to sweat ／出汗／ đổ mồ hôi
□タオル：towel ／毛巾／ khăn

4ばん　4

N4_3_17

男の人と女の人が話しています。女の人がカラオケでアルバイトを始めたのはどうしてですか。

M：加藤さん、アルバイトを始めたんだって？

F：うん。カラオケでアルバイトしてるよ。

M：確か山田さんも同じお店でアルバイトしてるよね？

F：うん。でも山田さんは先月やめちゃったんだ。

M：えー、そうなんだ。アルバイトは忙しい？

F：ううん、あまり忙しくない。お店の人はみんなやさしくて、おもしろいよ。

M：そうなんだ。

F：**私、音楽が好きだから、ずっと音楽が聞こえるところでアルバイトしたいと思ってた。**だから、とても楽しいよ。

女の人がカラオケでアルバイトを始めたのはどうしてですか。

カラオケでアルバイトをすれば、ずっと音楽が聞こえる。

だから：[原因・理由 (cause・reason ／原因・理由／ hiển thị nguyên nhân, lý do)] を表す。

覚えよう

□カラオケ：karaoke ／卡拉OK ／ karaoke
□アルバイト：part-time job ／打工，兼职／ lời khuyên
□始める：to begin ／开始／ bắt đầu
□確か：sure ／似乎／ chắc là
□やめる：to stop ／停止／ bỏ việc, nghỉ việc
□音楽：music ／音乐／ âm nhạc
□聞こえる：to be able to hear ／听得到，能听见／ có thể nghe

5ばん　1

N4_3_18

女の子と男の子が話しています。どうして男の子はお母さんにゲームをとられましたか。

F：どうしたの？　元気がないね。

M：うん。お母さんにゲームをとられたんだ。

F：え？　どうして？

M：**ゲームをやりすぎているから、ゲームはするなって言われた。**

F：そうか。

M：今度のテストで100点を取ったら、ゲームを返してくれるんだ。

F：じゃあ、いっしょうけんめい勉強しないといけないね。

どうして男の子はお母さんにゲームをとられましたか。

やりすぎる：to do too much ／做过头了／ chơi quá nhiều

するな＝してはいけない

覚えよう

□100点を取る：to get a score of 100 ／考100分／đạt được 100 điểm

□いっしょうけんめい：with all one's might ／拼命，努力／cố gắng hết sức

6ばん　2　　N4_3_19

男の人と女の人が話しています。今、女の人の家に何人住んでいますか。

M：山田さんって何人家族なの？

F：6人家族だよ。両親と兄と姉と弟と私。

M：弟さんは高校生？

F：うん。今は塾に行っていて、毎日夜遅く家に帰ってくる。**兄は今海外で働いているから、なかなか日本に帰ってこられないんだ。**

M：そうなんだ。じゃあ、お姉さんは？

F：**姉は結婚していて、私の家の近くに住んでる。**よく子どもを連れて遊びに来るよ。私が家にいるときは、いつも姉の子どもと遊んでいるよ。

今、女の人の家に何人住んでいますか。

お兄さんは海外に住んでいる。お姉さんは女の人の家の近くに住んでいる。

だから、今女の人の家に、お父さん、お母さん、弟さんと女の人の4人が住んでいる。

覚えよう

□両親：parents ／父母／ bố mẹ

□塾：cram school ／补习班／ ký túc xá

□なかなか：considerably ／难以／ mãi mà~

□結婚〈する〉：to get married ／结婚／ kết hôn

□近く：near ／附近／ gần

□連れる：to bring along ／带，领／ dẫn theo

7ばん　1　　N4_3_20

デパートで、女の人と男の人が話しています。二人は誕生日プレゼントに何を買いましたか。

F：お母さんの誕生日プレゼント、このネックレスにしない？　**このネックレスを見て、ほしいって言ってたんだ。**

M：高すぎるよ。ぼくたちあまりお金がないんだから。

F：じゃあ、ハンカチはどう？

M：お母さん、ハンカチはたくさん持ってるよ。ぼくはケーキがいいと思う。みんなで食べられるし。

F：ケーキは私が作るつもりだから、いらないよ。あ、このコップかわいい。これはどう？

M：コップは去年の誕生日にあげたじゃないか。

F：そうだね。うーん、**少し高いけど、お母さんがほしがっているものをあげようよ**。お母さんきっとよろこぶよ。

M：わかったよ。

二人は誕生日プレゼントに何を買いましたか。

お母さんがほしがっているものはネックレス。少し高いが、お母さんによろこんでもらうために買うことにした。

覚えよう

□誕生日：birthday ／生日／ sinh nhật
□プレゼント：present ／礼物／ quà
□ネックレス：necklace ／项链／ dây chuyền
□ハンカチ：handkerchief ／手帕／ khăn tay
□～つもり：intending to ~ ／打算…／ dự định~
□いらない：to not need ／不需要／ không cần
□コップ：cup ／杯子／ các cốc, cái ly
□ほしがる：to want ／想要／ thèm muốn, muốn, khao khát

もんだい3

れい　1 N4_3_22

友だちに借りた本にアイスクリームを落としてしまいました。何と言いますか。

F：1　本を汚してしまって、ごめんね。

2　本が汚れそうで、ごめんね。

3　本が汚れたみたいで、ごめんね。

1ばん　2 N4_3_23

お店でタバコを吸っている人がいます。注意します。何と言いますか。

F：1　タバコはえんりょします。

2　タバコはごえんりょください。

3　タバコをえんりょしないでください。

～ごえんりょください＝～してはいけない

覚えよう

□注意〈する〉：to caution／注意／chú ý

□えんりょ〈する〉：to decline／回避，谢绝／hạn chế, ngại ngần

2ばん　2 N4_3_24

恋人と結婚したいです。指輪を渡します。何と言いますか。

M：1　彼女と結婚させてください。

2　ぼくと結婚してくれませんか。

3　彼女は結婚したがっています。

～てくれませんか：Could you please ~?／能否请你…／vui lòng~

覚えよう

□恋人：lover／恋人／người yêu

□結婚〈する〉：to get married／结婚／kết hôn

□指輪：ring／戒指／nhẫn

3ばん　1 N4_3_25

先生が大きな荷物を運んでいます。手伝おうと思います。何と言いますか。

M：1　荷物をお持ちします。

2　荷物をお持ちになります。

3　荷物をお持ちしませんか。

「お持ちします」は「持ちます」のていねいな言い方。

覚えよう

□運ぶ：to carry／搬，搬运／khuân, vác, vận chuyển

□手伝う：to help／帮忙／giúp đỡ

4ばん　3 N4_3_26

風が強いです。紙が飛んでしまいそうです。何と言いますか。

F：1　あれ？　窓が閉まったままだった。

2　あー、紙がたくさん落ちたみたいだ。

3　ごめん、窓を閉めてくれない？

「～てくれない？」は「～てくれませんか？」の[カジュアルな言い方（casual way of saying／较随意的表达／cách nói thông thường）]。

1　～たまま：状態が続いていること。(a situation is ongoing.／表示状态的持续。

／việc trạng thái cứ tiếp diễn.)

5ばん　3　N4_3_27

となりの部屋の人がうるさいです。夜寝られません。何と言いますか。

F：1　いつか静かになるでしょう。

2　少し寝られるようになりました。

3　もう少し静かにしてくれませんか。

～てくれませんか：Could you please ~?／能否请你…／vui lòng~

もんだい4

れい　1　N4_3_29

M：おみやげのお菓子です。ひとつどうぞ。

F：1　わあ、いただきます。

2　いえ、どういたしまして。

3　たくさん食べてくださいね。

1ばん　1　N4_3_30

F：この薬は一日に何回飲めばいいですか。

M：1　朝と寝る前に飲んでください。

2　水で飲んでください。

3　一人で飲んではいけません。

何回：how many times／几次／mấy lần

2ばん　2　N4_3_31

F：もしよかったら、もっとお話を聞かせていただけませんか。

M：1　すみません、声が大きすぎましたね。

2　はい、もちろんいいですよ。

3　もっとゆっくり話すようにしてほしいですね。

聞かせていただけませんか：Could you please let me hear?／能让我听听吗?／cho tôi nghe với

3ばん　2　N4_3_32

M：今日の晩ごはん、何にする？

F：1　私が作るね。

2　カレーはどうかな？

3　それがいいね。

～にする：自分で選んで決めたことを表す。

4ばん　3　N4_3_33

M：あれ、教室に電気がついているよ。

F：1　だれもいないみたいだね。

2　電気をつけてくれてありがとう。

3　田中さんが教室で勉強しているからね。

電気がついている：a light is on／灯开着／sáng đèn

5ばん　1　　🔊N4_3_34

F：会議の前に、何をしておいたらいいですか。

M：1　この資料のコピーをお願いします。

2　会議のあとで、ごはんを食べましょう。

3　会議で説明しようと思います。

～ておく：ある目的のために、前もって何かをする。

6ばん　3　　🔊N4_3_35

F：子どもの時、親に何をさせられましたか。

M：1　私はよく、親に怒られました。

2　子どもの時、よく運動をさせました。

3　毎日野菜を食べさせられました。

「～させられる」は「する」の［使役受身形 (causative passive form／使役被动形／bị động sai khiến)］。

7ばん　1　　🔊N4_3_36

M：先生はいつ学校にいらっしゃいますか。

F：1　明日は来ますよ。

2　いつでもいいですよ。

3　いつも忙しそうですね。

「いらっしゃる」は「来る」のていねいな言い方。

8ばん　3　　🔊N4_3_37

M：私の傘、どこに行っちゃったんだろう。

F：1　私はどこでも行けるよ。

2　買い物に行きたいな。

3　探しても、どこにもないね。

傘はどこに行っちゃったんだろう＝傘が見つからない

読解・聴解問題の作問協力

小田佐智子　西南学院大学 留学生別科 非常勤講師

言語知識問題の作問協力

飯塚大成、碇麻衣、氏家雄太、占部匡美、遠藤鉄兵、笠原絵理、嘉成晴香、後藤りか、小西幹、櫻井格、鈴木貴子、柴田昌世、戸井美幸、中越陽子、中園麻里子、西山可菜子、野島恵美子、濱田修、二葉知久、松浦千晶、松本汐理、三垣亮子、森田英津子、森本雅美、矢野まゆみ、横澤夕子、横野登代子（五十音順）

はじめての日本語能力試験　合格模試N4

2020年2月25日　初版　第1刷発行
2024年4月 9 日　初版　第3刷発行

編著　アスク編集部
DTP　朝日メディアインターナショナル 株式会社
カバーデザイン　岡崎 裕樹
翻訳　Malcolm Hendricks　唐 雪　Nguyen Thi Ai Tien
イラスト　須藤 裕子
ナレーション　安斉 一博　氷上 恭子
印刷・製本　株式会社 光邦
発行人　天谷 修身
発行　株式会社 アスク
〒162-8558 東京都新宿区下宮比町2-6
TEL 03-3267-6864　FAX 03-3267-6867

Printed in Japan　ISBN 978-4-86639-313-1

N4

げんごちしき（もじ・ごい）

（30ぷん）

この模擬試験は2020年度以前の問題数・試験時間に沿って作られています。
問題用紙に記載の通りの試験時間で実施してください。

ちゅうい
Notes

1. しけんが　はじまるまで、この　もんだいようしを　あけないで　ください。
   Do not open this question booklet until the test begins.
2. この　もんだいようしを　もって　かえる　ことは　できません。
   Do not take this question booklet with you after the test.
3. じゅけんばんごうと　なまえを　したの　らんに、じゅけんひょうと　おなじように　かいて　ください。
   Write your examinee registration number and name clearly in each box below as written on your test voucher.
4. この　もんだいようしは、ぜんぶで　9ページ　あります。
   This question booklet has 9 pages.
5. もんだいには　かいとうばんごうの [1]、[2]、[3]… が　あります。かいとうは、かいとうようしに　ある　おなじ　ばんごうの　ところに　マークして　ください。
   One of the row numbers [1], [2], [3] … is given for each question. Mark your answer in the same row of the answer sheet.

じゅけんばんごう　Examinee Registration Number	
なまえ　Name	

もんだい1　＿＿＿の　ことばは　ひらがなで　どう　かきますか。
1・2・3・4から　いちばん　いい　ものを　ひとつ　えらんで　ください。

（れい）この　りんごが　とても　甘いです。

1　あかい　　2　あまい　　3　あおい　　4　あらい

（かいとうようし）

（れい）	①　●　③　④

1　この　みせは　品物が　すくないです。

1　ひんもつ　　2　ひんぶつ　　3　しなもの　　4　しなぶつ

2　4月に　日本の　だいがくに　入学します。

1　にゅうがく　　2　にゅうこく　　3　にゅうし　　4　にゅういん

3　でんしゃで　がっこうに　通って　います。

1　つうって　　2　かよって　　3　むかって　　4　とおって

4　日本は　工業の　くにです。

1　こうぎょう　　2　こうぎゅう　　3　ごうぎょう　　4　じょうぎょう

5　バスは　8時に　出発します。

1　しゅっぱつ　　2　しゅっはつ　　3　しゅつはつ　　4　しゅつぱつ

6　けんこうの　ために　まいにち　運動して　います。

1　くんどう　　2　くんとう　　3　うんどう　　4　うんとう

7　まどを　閉めても　いいですか。

1　とめて　　2　きめて　　3　しめて　　4　やめて

8 この　<u>道</u>を　まっすぐ　行って　ください。

1　みち　　2　はし　　3　いえ　　4　くに

9 あした、いっしょに　<u>映画</u>を　見に　行きませんか。

1　えか　　2　えいか　　3　えいが　　4　えりが

もんだい2　＿＿＿の　ことばは　どう　かきますか。1・2・3・4から　いちばん　いい　ものを　ひとつ　えらんで　ください。

第1回

文字・語彙

（れい）つくえの　うえに　ねこが　います。

1 上　2 下　3 左　4 右

（かいとうようし）

（れい）	● ② ③ ④

10 友だちに　本を　かります。

1 貸ります　2 借ります　3 措ります　4 持ります

11 わたしは　おんがくを　聞くのが　すきです。

1 楽音　2 学音　3 音楽　4 音学

12 すぐ　おわるから、もう　すこし　まって　ください。

1 待って　2 持って　3 時って　4 等って

13 きのう、えきの　ちかくで　かじが　ありました。

1 炎事　2 火事　3 家事　4 事故

14 もうすぐ　バスが　来ますよ。いそいで　ください。

1 来いで　2 速いで　3 急いで　4 早いで

15 しけんに　ごうかくしましたから、きぶんが　いいです。

1 気今　2 気文　3 気分　4 気持

もんだい3　（　　　）に　なにを　いれますか。1・2・3・4から　いちばん　いい　ものを　ひとつ　えらんで　ください。

（れい）この　おかしは　（　　　）　おいしくないです。

1　とても　　2　すこし　　3　あまり　　4　しょうしょう

（かいとうようし）

（れい）	①　②　●　④

---

16 パンに　バターを　（　　　）　ください。

1　して　　2　ぬれて　　3　のって　　4　ぬって

17 （　　　）　くにに　かえりました。

1　ひさしぶりに　　2　しょうらい　　3　これから　　4　こんど

18 ふねが　（　　　）に　とうちゃくしました。

1　くうこう　　2　みなと　　3　まち　　4　えき

19 （　　　）は　本を　読む　ことです。

1　しゅうかん　　2　きょうみ　　3　やくそく　　4　しゅみ

20 へやを　きれいに　（　　　）　ください。

1　けして　　2　かたづけて　　3　くらべて　　4　ならべて

21 1000円で、800円の　おかしを　買って、200円の　（　　　）を　もらいました。

1　レシート　　2　おさつ　　3　おつり　　4　さいふ

22 ケンさんは　いつも　（　　　）に　はたらいて　います。

1　たいへん　　2　ぴったり　　3　ゆっくり　　4　まじめ

23 あさ、じしんが　あって　（　　　）。

1　うれしかった　　　　2　こわかった
3　さびしかった　　　　4　はずかしかった

24 あしたの　ホテルの　（　　　）を　しました。

1　よやく　　2　よほう　　3　よそう　　4　よてい

25 この　けんきゅうは、5ねん　かかって　（　　　）　おわりました。

1　ちっとも　　2　たしか　　3　やっと　　4　かならず

第1回

文字・語彙

もんだい4　＿＿＿の　ぶんと　だいたい　おなじ　いみの　ぶんが　あります。
1・2・3・4から　いちばん　いい　ものを　ひとつ　えらんで
ください。

（れい）　この　へやは　きんえんです。

1　この　へやは　たばこを　すっては　いけません。
2　この　へやは　たばこを　すっても　いいです。
3　この　へやは　たばこを　すわなければ　いけません。
4　この　へやは　たばこを　すわなくても　いいです。

（かいとうようし）

（れい）	● ② ③ ④

26　さいきん、家を　るすに　する　ことが　おおいです。

1　さいきん、家に　よく　います。
2　さいきん、家に　あまり　いません。
3　さいきん、家に　友だちを　よく　よんで　います。
4　さいきん、家で　あまり　あそんで　いません。

27　きょうの　テストは　かんたんでした。

1　きょうの　テストは　ふくざつでした。
2　きょうの　テストは　たいへんでした。
3　きょうの　テストは　やさしかったです。
4　きょうの　テストは　むずかしかったです。

28　くるまが　こしょうしました。

1　くるまが　こわれました。
2　くるまが　よごれました。
3　くるまが　うごきました。
4　くるまが　とまりました。

29 きょねん　たばこを　やめました。

1　きょねん　たばこを　はじめました。

2　きょねん　たばこを　かいました。

3　いま　たばこを　すって　いません。

4　いま　たばこを　すって　います。

30 いっしょうけんめいに　べんきょうします。

1　よく　べんきょうします。

2　あまり　べんきょうしません。

3　すこし　べんきょうします。

4　ほとんど　べんきょうしません。

もんだい5　つぎの　ことばの　つかいかたで　いちばん　いい　ものを 1・2・3・4から　ひとつ　えらんで　ください。

（れい）　こたえる

1　かんじを　大きく　こたえて　ください。

2　本を　たくさん　こたえて　ください。

3　わたしの　はなしを　よく　こたえて　ください。

4　先生の　しつもんに　ちゃんと　こたえて　ください。

（かいとうようし）

（れい）	①　②　③　●

31　けんぶつ

1　だいがくで　けいざいを　けんぶつして　います。

2　きのう、こうじょうを　けんぶつしました。

3　こんど、ふじさんを　けんぶつに　行きます。

4　なつやすみに　友だちと　はなびたいかいを　けんぶつしました。

32　あんしん

1　この　まちは　よる　うるさくて　あんしんです。

2　やまださんは　あんしんで　いそがしいです。

3　じこが　おきて、とても　あんしんです。

4　日本には　兄が　いますから、あんしんです。

33　こまかい

1　やさいを　こまかく　きって　ください。

2　かれの　家は　とても　こまかいです。

3　その　えんぴつは　こまかいですね。

4　わたしの　兄は　とても　あしが　こまかいです。

34 やぶれる

1　水に　ぬれて、かみが　やぶれました。

2　たいふうで、木が　やぶれました。

3　コップが　おちて、やぶれました。

4　いすを　なげたら、やぶれました。

35 さそう

1　まいにち　1じかん、ゲームを　さそいます。

2　はるに　なると、さくらが　さそいます。

3　雨が　ふったら、かさを　さそいます。

4　ジョンさんを　サッカーに　さそいます。

合格模試　第1回　　　　　　　　　　　　　　　　問題用紙

N4

言語知識（文法）・読解

（60分）

この模擬試験は2020年度以前の問題数・試験時間に沿って作られています。問題用紙に記載の通りの試験時間で実施してください。

注　意

Notes

1. 試験が始まるまで、この問題用紙を開けないでください。

   Do not open this question booklet until the test begins.

2. この問題用紙を持って帰ることはできません。

   Do not take this question booklet with you after the test.

3. 受験番号と名前を下の欄に、受験票と同じように書いてください。

   Write your examinee registration number and name clearly in each box below as written on your test voucher.

4. この問題用紙は、全部で14ページあります。

   This question booklet has 14 pages.

5. 問題には解答番号の［1］、［2］、［3］… があります。
   解答は、解答用紙にある同じ番号のところにマークしてください。

   One of the row numbers ［1］, ［2］, ［3］ … is given for each question. Mark your answer in the same row of the answer sheet.

受験番号　Examinee Registration Number	

名前　Name	

もんだい1　（　　　）に　何を　入れますか。1・2・3・4から　いちばん　いい　ものを　一つ　えらんで　ください。

（例）あした　京都（きょうと）（　　　）行きます。

1　を　　2　へ　　3　と　　4　の

（解答用紙（かいとうようし））

（例）	①　●　③　④

1「おいしい」は　ベトナム語（　　　）なんと　言いますか。

1　を　　2　で　　3　から　　4　に

2（コンビニで）

田中（たなか）「すみません、ガムを　買いたいんですが…。」

店員（てんいん）「ガム（　　　）、あそこに　おいて　ありますよ。」

1　より　　2　なら　　3　と　　4　まで

3 あの人は　来ると　言った（　　　）、来ませんでした。

1　ので　　2　のに　　3　のは　　4　のを

4 去年は　あまり　旅行（りょこう）に　行けなかったので、今年は　たくさん（　　　）と　思って　います。

1　行く　　2　行け　　3　行こう　　4　行けば

5 ひらがな（　　　）書く　ことが　できます。

1　だけ　　2　が　　3　しか　　4　まで

6 みんなで　テレビ（　　　）見ましょう。

1　でも　　2　まで　　3　ほど　　4　より

第1回

文法

7 山下(やました)さんは　あした　もどる（　　　）です。

1　だけ　　2　はず　　3　から　　4　なら

8 家族の　写真(しゃしん)ですか。お姉(ねえ)さん、きれいで　（　　　）　人ですね。

1　やさしい　　2　やさしかった　　3　やさしいそうな　　4　やさしそうな

9 この　おかしは　小さくて、食べ（　　　）です。

1　ない　　2　たい　　3　やすい　　4　よう

10 風邪(かぜ)を　引(ひ)いたら、くすりを　飲んで　はやく　（　　　）です。

1　ねたほうが　いい　　2　ねないほうが　いい

3　ねるつもり　　4　ねないつもり

11 A「どうしたんですか。顔色(かおいろ)が　悪(わる)いですね。」

B「じつは　きのう　先輩(せんぱい)に　たくさん　お酒(さけ)を　（　　　）。」

1　飲んで　もらったんです　　2　飲ませたんです

3　飲まれたんです　　4　飲まされたんです

12 あしたは　いい　天気に　（　　　）ね。

1　なると　いいです　　2　なったほうが　いいです

3　しか　なりません　　4　なったかもしれません

13 きのうは　レポートを　（　　　）、ありがとうございました。

1　手伝(てつだ)ったので　　2　手伝(てつだ)って　くれて

3　手伝(てつだ)ったら　　4　手伝(てつだ)って　あげて

14 休みの　日は、散歩(さんぽ)を　（　　　）、ゲームを　（　　　）します。

1　して、して　　2　しよう、しよう

3　しながら、しながら　　4　したり、したり

15 A「もう　この　資料(しりょう)を　読みましたか。」

B「いいえ、まだ　（　　　）。」

1　読みません　　2　読みませんでした

3　読んで　いません　　4　読んで　いませんでした

もんだい2　＿★＿に　入る　ものは　どれですか。1・2・3・4から　いちばん　いい　ものを　一つ　えらんで　ください。

（問題例）

本は　＿＿＿　＿＿＿　＿★＿　＿＿＿　あります。

1　の　　2　に　　3　上　　4　つくえ

（答え方）

1. 正しい　文を　作ります。

本は　＿＿＿　＿＿＿　＿★＿　＿＿＿　あります。
4　つくえ　1　の　3　上　2　に

2. ＿★＿に　入る　番号を　黒く　塗ります。

（解答用紙）

---

16 電気を　＿＿＿　＿＿＿　＿★＿　＿＿＿　出かけて　しまいました。

1　まま　　2　けさないで　　3　あけた　　4　かぎを

17 あとで　すてるから、＿＿＿　＿＿＿　＿★＿　＿＿＿。

1　おいて　　2　あつめて　　3　ください　　4　ごみを

18 家を　＿＿＿　＿＿＿　＿★＿　＿＿＿、急に　雨が　ふって　きました。

1　出よう　　2　した　　3　ときに　　4　と

第1回

文法

19 A「あした、温泉に　行きませんか。」

B「いいですね。＿＿＿＿　＿＿＿＿　＿＿★＿＿　＿＿＿＿。」

1　いって　　　2　弟も　　　3　いいですか　　　4　つれて

20 私は　父　＿＿＿＿　＿＿＿＿　＿＿＿＿　＿＿★＿＿　ほしいと　思って　います。

1　を　　　2　に　　　3　お酒　　　4　やめて

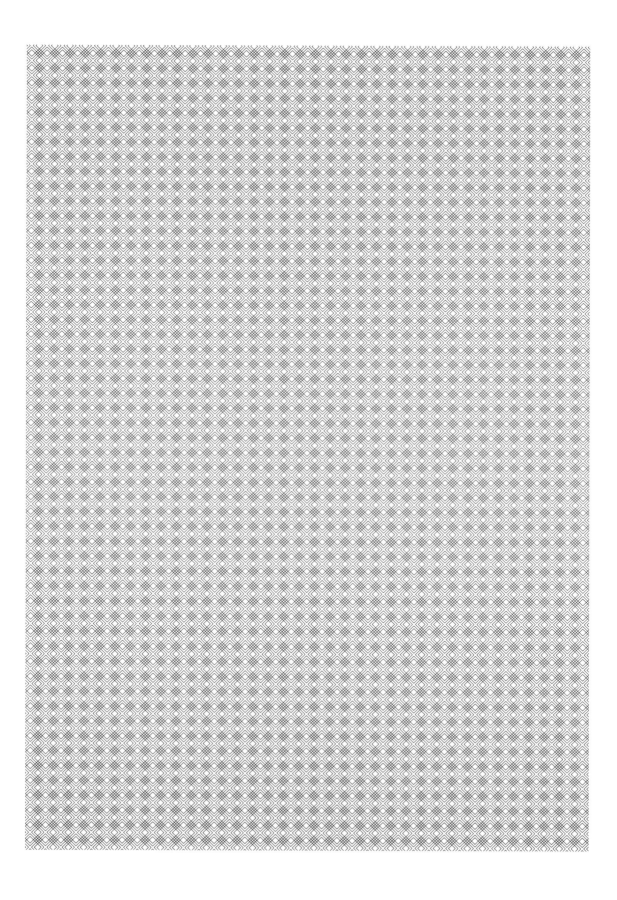

もんだい3　［ 21 ］から　［ 25 ］に　何を　入れますか。文章(ぶんしょう)の　意味(いみ)を　考(かんが)えて、1・2・3・4から　いちばん　いい　ものを　一つ　えらんで　ください。

下の　文章(ぶんしょう)は　留学生(りゅうがくせい)が　書いた　作文(さくぶん)です。

おばあちゃんの　ケーキ

マリア

私の　おばあちゃんは　80歳(さい)です。今は　となりの　町に　住(す)んで　います。おばあちゃんは　とても　やさしくて、ケーキを　作るの　［ 21 ］　とても　上手です。私は　おばあちゃんが　作る　ケーキが　いちばん　おいしいと　思います。

しかし、最近(さいきん)　おばあちゃんは　あまり　ケーキを　［ 22 ］。2年前に　病気に　なったからです。［ 23 ］、私は　おばあちゃんに　ケーキの　作り方を　教えて　もらいました。

難(むずか)しかったですが、たくさん　ケーキを　作る　練習(れんしゅう)を　しました。それで　今は　おばあちゃんの　ように、おいしい　ケーキが　［ 24 ］。おいしい　ケーキができる　［ 25 ］、とても　うれしいです。これからも　おばあちゃんに　元気で　いて　ほしいです。

21

1　が　　2　を　　3　に　　4　と

22

1　作って　あげません
2　作った　ことが　ありません
3　作らなくなりました
4　作らなくても　いいです

23

1　そんなに　　2　たとえば　　3　けれども　　4　だから

24

1　作れるように　なりました
2　作る　ことに　しました
3　作りおわりました
4　作らせられました

25

1　のに　　2　と　　3　の　　4　より

もんだい４　つぎの⑴から⑷の文章を読んで、質問に答えてください。答えは、1・2・3・4から、いちばんいいものを一つえらんでください。

(1)

夏まつりのお知らせが教室にあります。

> **～たのしい夏まつり～**
>
> 日時：7月15日（土）
>
> 15時～20時
>
> 場所：あおば公園
>
> 夏まつりに行く人は、14時に駅に集まってください。公園に自転車をおく場所がありませんから、電車などを使ってください。
>
> 雨がふったら、夏まつりは7月22日（土）になります。
>
> あおば日本語学校
>
> 7月1日

26 夏まつりに行きたい人は、どうしなければなりませんか。

1　7月15日の15時に自転車で公園に行きます。

2　7月15日の14時に駅に行ってから、公園に行きます。

3　7月15日の14時に公園に行ってから、駅に行きます。

4　7月22日の15時に駅に行ってから、公園に行きます。

(2)

私の家はいなかにあります。デパートや映画館がある町まで、車で2時間くらいかかりますし、おしゃれなお店やレストランもあまりありません。だから、子どものとき、私はいなかが好きではありませんでした。でも、大人になって、このいなかが少しずつ好きになってきました。いなかにはいいところがたくさんあることに気がついたからです。いなかは町ほど便利じゃないですが、静かだし、水や野菜もとてもおいしいです。私はいなかが大好きです。

27 この人はどうしていなかが好きになりましたか。

1　デパートや映画館がある町まで車で行けるから

2　おしゃれなお店やレストランがあるから

3　いなかにはいいところがたくさんあるから

4　町よりも静かで便利だから

(3)

図書館の入り口に、お知らせがあります。

図書館を利用される方へ

- 読み終わった本は、受付に渡してください。
- 机やいすを使ったら、必ず片付けてください。ゴミは持って帰ってください。
- 本をコピーするときは、受付に言ってから、コピーをしてください。
- 図書館の中で、次のことをしないでください。
  - 食べたり飲んだりすること
  - 写真を撮ること

さくら大学図書館

28 このお知らせから、図書館についてわかることは何ですか。

1　本を読み終わったら、片付けなければいけません。

2　ゴミを捨てることはできません。

3　本をコピーしてはいけません。

4　写真を撮ってもいいです。

(4)

これは田中さんがキムさんに送ったメールです。

＝＝

キムさん

こんにちは。

今、キムさんは韓国にいると聞きました。私は23日から27日まで、韓国に行こうと思っています。もし、キムさんの都合がよかったら、夜にいっしょに食事でもしませんか。キムさんが食事に行ける日を教えてくれたら、私がレストランを予約しておきます。韓国でキムさんに会えるのを、とても楽しみにしています。

田中

＝＝

29 キムさんは田中さんに何を知らせますか。

1　今、韓国にいるかどうか

2　23日から27日まで韓国に行けるかどうか

3　夜いっしょに食事できる日はいつか

4　レストランを予約するかどうか

第1回

読解

もんだい5　つぎの文章を読んで、質問に答えてください。答えは、1・2・3・4から、いちばんいいものを一つえらんでください。

これは留学生が書いた作文です。

私は2年前に日本に来ました。日本は、コンビニやスーパーがたくさんあって便利だし、とても生活しやすい国だと思いました。

でも、①残念なことがあります。それは、ゴミがとても多いことです。町の中を歩いていると、ゴミはほとんどなくて、どこもきれいですが、日本で生活していると、たくさんゴミが出ます。例えば、おかしを買ったとき、おかしの箱を開けたら、おかしが一つひとつビニールの袋に入っていました。一つおかしを食べると、ゴミが一つ増えてしまいます。この前、スーパーでトマトを買ったら、プラスチックの入れ物にトマトがおいてあって、ビニールでつつんでありました。家に帰って、料理をすると、プラスチックの入れ物も、ビニールも、全部ゴミになります。だから、②私の家のゴミ箱はすぐにプラスチックのゴミでいっぱいになってしまいます。

確かに③そうすると、おかしやトマトはきれいだし、1人で生活する人に便利です。でも、私はおかしやトマトを一つひとつビニールの袋に入れたり、プラスチックの入れ物に入れたりする必要はないと思います。プラスチックやビニールの袋を使わなかったら、（　　　）。

30 この人は何が①残念なことだと思っていますか。

1　コンビニやスーパーがたくさんあって便利なこと

2　町にゴミがとても多いこと

3　町の中にゴミがほとんどないこと

4　生活していると、ゴミがたくさん出ること

31 なぜ②私の家のゴミ箱はすぐにプラスチックのゴミでいっぱいになってしまいますか。

1　町の中には、ゴミがほとんどないから。

2　プラスチックやビニールがたくさん使われているから。

3　家に帰って、自分で料理を作るから。

4　おかしを食べすぎてしまうから。

32 ③そうするとは何のことですか。

1　町の中にはゴミがほとんどなくても、家の中にゴミがたくさんあること

2　料理するとき、プラスチックの入れ物やビニールをすてること

3　おかしやトマトを買って、自分で料理を作ること

4　おかしやトマトを一つひとつビニールやプラスチックでつつむこと

33 （　　　）に入れるのに、いちばんいい文はどれですか。

1　ゴミは減るはずです

2　みんな困ると思います

3　使いにくくなります

4　きれいにしなければいけません

もんだい6　右のページを見て、下の質問に答えてください。答えは、1・2・3・4から、いちばんいいものを一つえらんでください。

34 アンナさんは、「わくわくカルチャーセンター」の教室に参加したいと思っています。アンナさんは学校に行かなければいけないので、カルチャーセンターに行けるのは、18時からか、土曜日だけです。アンナさんが行ける教室は、どれですか。

1　①と⑥

2　②と④

3　③と⑤

4　①と④

35 バスケットボールをしたい人は、バスケットボール教室が終わったら、何をしなければなりませんか。

1　体育館をそうじする。

2　受付にお金を払う。

3　受付で名前と電話番号を書く。

4　カルチャーセンターに電話する。

わくわくカルチャーセンター

5月は、６つの教室があります。

先生がやさしく教えてくれるので、初めての人も心配しないでください。

☆5月のスケジュール

	料金※1	場所	持ち物	時間
①バスケットボール※２	無料	体育館	飲み物 タオル	月曜日 18：00 ～ 19：30 金曜日 19：00 ～ 20：30
②水泳	500円	プール	水着・タオル 水泳帽子	木曜日 10：00 ～ 11：00 17：00 ～ 18：00
③茶道	100円	和室	なし	火曜日 10：00 ～ 11：30
④パン作り	300円	調理室	エプロン タオル	土曜日 10：00 ～ 12：00
⑤ピアノ	100円	教室１	なし	木曜日 17：00 ～ 18：00
⑥ギター	無料	教室２	なし	水曜日 10：00 ～ 12：00 14：00 ～ 15：00

※1　料金はそれぞれの教室の先生に払ってください。

※2　バスケットボールをしたあとは、必ず体育館をそうじしてください。

初めてわくわくカルチャーセンターに参加する人は、受付で名前と電話番号を書いてください。

教室を休むときは、下の電話番号に電話してください。

わくわくカルチャーセンター　電話：0121-000-0000

N4
聴解
（35分）

注　意
Notes

1. 試験が始まるまで、この問題用紙を開けないでください。
   Do not open this question booklet until the test begins.

2. この問題用紙を持って帰ることはできません。
   Do not take this question booklet with you after the test.

3. 受験番号と名前を下の欄に、受験票と同じように書いてください。
   Write your examinee registration number and name clearly in each box below as written on your test voucher.

4. この問題用紙は、全部で15ページあります。
   This question booklet has 15 pages.

5. この問題用紙にメモをとってもいいです。
   You may make notes in this question booklet.

受験番号　Examinee Registration Number	

名前　Name	

もんだい1 N4_1_02

もんだい1では、まず　しつもんを　聞いて　ください。それから　話を　聞いて、もんだいようしの　1から4の　中から、いちばん　いい　ものを　一つ　えらんで　ください。

れい N4_1_03

1　ゆうびんきょくの　前で　まつ
2　ちゃいろい　ビルの　中に　入る
3　コンビニで　買いものを　する
4　しんごうを　わたる

1ばん N4_1_04

1

2

3

4

2ばん N4_1_05

1 ア イ
2 イ ウ
3 ウ エ
4 ア エ

3ばん N4_1_06

1 けんきゅうしつの 前(まえ)の はこに 入(い)れる

2 メールで おくる

3 先生(せんせい)に ちょくせつ わたす

4 先生(せんせい)に そうだんする

4ばん N4_1_07

1

2

3

4

5ばん　N4_1_08

1

2

3

4

6ばん　N4_1_09

1　きょう　7時
2　あした　6時
3　あした　8時
4　あさって　6時

7ばん　N4_1_10

1

2

3

4

8ばん　N4_1_11

1　もって　かえって、月よう日に　出す
2　もって　かえって、火よう日に　出す
3　ゴミ捨て場に　おいたままに　する
4　女の人に　わたす

もんだい2 N4_1_12

もんだい2では、まず　しつもんを　聞いて　ください。そのあと、もんだいようしを　見て　ください。読む　時間が　あります。それから　話を　聞いて、もんだいようしの　1から4の　中から、いちばん　いい　ものを　一つ　えらんで　ください。

れい N4_1_13

1　ピンクの　きもの
2　くろい　きもの
3　ピンクの　ドレス
4　くろい　ドレス

1ばん N4_1_14

1　よる　ねるのが　おそいから

2　あさ　はやく　おきられないから

3　あさから　テレビを　見(み)て　いるから

4　あさ　犬(いぬ)と　さんぽに　行(い)くから

2ばん N4_1_15

1　たった今(いま)　ごはんを　食(た)べて　きたところ

2　レポートが　おわってから、ごはんを　食(た)べに　行(い)く

3　今(いま)から　ごはんを　食(た)べに　行(い)く

4　もう　すこし　してから、ごはんを　食(た)べに　行(い)く

3ばん N4_1_16

1　おなかが　いたいから
2　テストを　うけるのが　いやだから
3　かみを　みじかく　切(き)りすぎたから
4　かぜを　ひいたから

4ばん N4_1_17

1　大(おお)きい　こえで　話(はな)す　こと
2　本(ほん)を　コピーする　こと
3　パソコンを　使(つか)う　こと
4　ジュースを　飲(の)む　こと

5ばん N4_1_18

1　だいがくいんに　行く
2　りょうりの　がっこうに　行く
3　かいがいに　行く
4　じぶんの　おみせを　ひらく

6ばん N4_1_19

1　3時
2　3時30分
3　4時
4　べつの　日

7ばん N4_1_20

1 花（はな）の　えの　シャツ
2 花（はな）と　ねこの　えの　シャツ
3 ねこの　えの　シャツ
4 ねこと　リボンの　えの　シャツ

もんだい3 N4_1_21

もんだい3では、えを　見ながら　しつもんを　聞いて　ください。→（やじるし）の　人は　何と　言いますか。1から3の　中から、いちばん　いい　ものを　一つ　えらんで　ください。

れい N4_1_22

1ばん N4_1_23

2ばん N4_1_24

3ばん N4_1_25

4ばん N4_1_26

第1回

聴解

5ばん 

もんだい４ N4_1_28

もんだい４では、えなどが　ありません。ぶんを　聞(き)いて、１から３の　中(なか)から、いちばん　いい　ものを　一(ひと)つ　えらんで　ください。

れい N4_1_29

１ばん N4_1_30

２ばん N4_1_31

３ばん N4_1_32

４ばん N4_1_33

５ばん N4_1_34

６ばん N4_1_35

７ばん N4_1_36

８ばん N4_1_37

ごうかくもし　かいとうようし

N4 げんごちしき（もじ・ごい）

第1回

じゅけんばんごう Examinee Registration Number	

なまえ Name	

〈ちゅうい　Notes〉

1. くろいえんぴつ（HB、No.2）でかいてください。
   Use a black medium soft (HB or No.2) pencil.
   （ペンやボールペンではかかないでください。）
   (Do not use any kind of pen.)
2. かきなおすときは、けしゴムできれいにけしてください。
   Erase any unintended marks completely.
3. きたなくしたり、おったりしないでください。
   Do not soil or bend this sheet.
4. マークれい Marking Examples

よいれい Correct Example	わるいれい Incorrect Examples
●	⊗ ✓ ○ ◎ ● ◐ ●

もんだい1				
1	①	②	③	④
2	①	②	③	④
3	①	②	③	④
4	①	②	③	④
5	①	②	③	④
6	①	②	③	④
7	①	②	③	④
8	①	②	③	④
9	①	②	③	④

もんだい2				
10	①	②	③	④
11	①	②	③	④
12	①	②	③	④
13	①	②	③	④
14	①	②	③	④
15	①	②	③	④

もんだい3				
16	①	②	③	④
17	①	②	③	④
18	①	②	③	④
19	①	②	③	④
20	①	②	③	④
21	①	②	③	④
22	①	②	③	④
23	①	②	③	④
24	①	②	③	④
25	①	②	③	④

もんだい4				
26	①	②	③	④
27	①	②	③	④
28	①	②	③	④
29	①	②	③	④
30	①	②	③	④

もんだい5				
31	①	②	③	④
32	①	②	③	④
33	①	②	③	④
34	①	②	③	④
35	①	②	③	④

ごうかくもし　かいとうようし

N4 げんごちしき（ぶんぽう）・どっかい

第1回

じゅけんばんごう Examinee Registration Number		なまえ Name	

〈ちゅうい　Notes〉

1. くろいえんぴつ（HB、No.2）でかいてください。
   Use a black medium soft (HB or No.2) pencil.
   （ペンやボールペンではかかないでください。）
   (Do not use any kind of pen.)
2. かきなおすときは、けしゴムできれいにけしてください。
   Erase any unintended marks completely.
3. きたなくしたり、おったりしないでください。
   Do not soil or bend this sheet.
4. マークれい Marking Examples

よいれい Correct Example	わるいれい Incorrect Examples
●	⊗ ✓ ○ ◎ ⊜ ⦶ ◉

もんだい1	
1	① ② ③ ④
2	① ② ③ ④
3	① ② ③ ④
4	① ② ③ ④
5	① ② ③ ④
6	① ② ③ ④
7	① ② ③ ④
8	① ② ③ ④
9	① ② ③ ④
10	① ② ③ ④
11	① ② ③ ④
12	① ② ③ ④
13	① ② ③ ④
14	① ② ③ ④
15	① ② ③ ④

もんだい2	
16	① ② ③ ④
17	① ② ③ ④
18	① ② ③ ④
19	① ② ③ ④
20	① ② ③ ④

もんだい3	
21	① ② ③ ④
22	① ② ③ ④
23	① ② ③ ④
24	① ② ③ ④
25	① ② ③ ④

もんだい4	
26	① ② ③ ④
27	① ② ③ ④
28	① ② ③ ④
29	① ② ③ ④

もんだい5	
30	① ② ③ ④
31	① ② ③ ④
32	① ② ③ ④
33	① ② ③ ④

もんだい6	
34	① ② ③ ④
35	① ② ③ ④

ごうかくもし　かいとうようし

N4 ちょうかい

第1回

じゅけんばんごう Examinee Registration Number	

なまえ Name	

〈ちゅうい　Notes〉

1. くろいえんぴつ（HB、No.2）でかいてください。
   Use a black medium soft (HB or No.2) pencil.
   （ペンやボールペンではかかないでください。）
   (Do not use any kind of pen.)
2. かきなおすときは、けしゴムできれいにけしてください。
   Erase any unintended marks completely.
3. きたなくしたり、おったりしないでください。
   Do not soil or bend this sheet.
4. マークれい Marking Examples

よいれい Correct Example	わるいれい Incorrect Examples
●	⊗ ✓ ◯ ◎ ⊜ ⦶ ●

もんだい1

れい	①	②	③	●
1	①	②	③	④
2	①	②	③	④
3	①	②	③	④
4	①	②	③	④
5	①	②	③	④
6	①	②	③	④
7	①	②	③	④
8	①	②	③	④

もんだい2

れい	①	②	③	●
1	①	②	③	④
2	①	②	③	④
3	①	②	③	④
4	①	②	③	④
5	①	②	③	④
6	①	②	③	④
7	①	②	③	④

もんだい3

れい	●	②	③
1	①	②	③
2	①	②	③
3	①	②	③
4	①	②	③
5	①	②	③

もんだい4

れい	●	②	③
1	①	②	③
2	①	②	③
3	①	②	③
4	①	②	③
5	①	②	③
6	①	②	③
7	①	②	③
8	①	②	③

N4

げんごちしき（もじ・ごい）

（30ぷん）

この模擬試験は2020年度以前の問題数・試験時間に沿って作られています。
問題用紙に記載の通りの試験時間で実施してください。

ちゅうい
Notes

1. しけんが　はじまるまで、この　もんだいようしを　あけないで　ください。
   Do not open this question booklet until the test begins.
2. この　もんだいようしを　もって　かえる　ことは　できません。
   Do not take this question booklet with you after the test.
3. じゅけんばんごうと　なまえを　したの　らんに、じゅけんひょうと　おなじように　かいて　ください。
   Write your examinee registration number and name clearly in each box below as written on your test voucher.
4. この　もんだいようしは、ぜんぶで　9ページ　あります。
   This question booklet has 9 pages.
5. もんだいには　かいとうばんごうの 1 、 2 、 3 … が　あります。かいとうは、かいとうようしに　ある　おなじ　ばんごうの　ところに　マークして　ください。
   One of the row numbers 1 , 2 , 3 … is given for each question. Mark your answer in the same row of the answer sheet.

じゅけんばんごう　Examinee Registration Number	
なまえ　Name	

もんだい1　＿＿＿の　ことばは　ひらがなで　どう　かきますか。
1・2・3・4から　いちばん　いい　ものを　ひとつ　えらんで
ください。

（れい）この　りんごが　とても　甘いです。

1　あかい　　2　あまい　　3　あおい　　4　あらい

（かいとうようし）

（れい）	①　●　③　④

---

1 ぬいだ　上着を　ここに　かけて　ください。

1　うえき　　2　うわき　　3　うわぎ　　4　じょうちゃく

2 もっと　強く　おして　ください。

1　たかく　　2　ひくく　　3　つよく　　4　よわく

3 すみません、切手を　1まい　ください。

1　きて　　2　きって　　3　きっぷ　　4　きぷ

4 友だちに　地図を　かいて　もらいました。

1　ちと　　2　じと　　3　じず　　4　ちず

5 えきまで　走って　いきます。

1　そうって　　2　あるって　　3　はしって　　4　のぼって

6 きのう、ゆうめいな　パン屋へ　行きました。

1　や　　2　う　　3　てん　　4　みせ

7 テレビの　音が　聞こえません。

1　おと　　2　こえ　　3　うた　　4　きょく

8 用事が　あって　パーティーに　行けません。

1　しごと　　2　ようごと　　3　ようす　　4　ようじ

9 あなたの　意見が　聞きたいです。

1　いけん　　2　いみ　　3　いし　　4　いじょう

もんだい2　＿＿＿の　ことばは　どう　かきますか。1・2・3・4から
いちばん　いい　ものを　ひとつ　えらんで　ください。

（れい）つくえの　うえに　ねこが　います。

1　上　　2　下　　3　左　　4　右

（かいとうようし）

（れい）	● ② ③ ④

---

10 わたしは　ピアノを　ならいたいです。

1　七い　　2　翌い　　3　習い　　4　学い

11 ちこくした　りゆうを　おしえて　ください。

1　理由　　2　自由　　3　理用　　4　事由

12 オウさんは　にほんごの　はつおんが　きれいです。

1　元音　　2　発意　　3　完音　　4　発音

13 雨で、しあいが　ちゅうしに　なりました。

1　王正　　2　王止　　3　中正　　4　中止

14 あの　とりは　きれいな　こえで　なきます。

1　書　　2　島　　3　鳥　　4　事

15 たんじょうびに、父から　とけいを　もらいました。

1　時計　　2　詩訃　　3　時訂　　4　詩計

第2回

文字・語彙

もんだい３　（　　　）に　なにを　いれますか。1・2・3・4から　いちばん　いい　ものを　ひとつ　えらんで　ください。

（れい）この　おかしは　（　　　）　おいしくないです。

1　とても　　2　すこし　　3　あまり　　4　しょうしょう

（かいとうようし）

（れい）	①　②　●　④

---

16 こうえんに　人が　たくさん　（　　　）　います。

1　とまって　　2　きまって　　3　あつまって　　4　あつめて

17 まいばん、じゅぎょうの　（　　　）を　します。

1　よてい　　2　よやく　　3　よしゅう　　4　やくそく

18 はじめて　会う　人と　話す　ときは、（　　　）な　ことばを　つかいましょう。

1　ていねい　　2　ふつう　　3　きゅう　　4　ゆっくり

19 やすみの　日は、よく　（　　　）を　読みます。

1　えいが　　2　テレビ　　3　しょうせつ　　4　ゲーム

20 つかいかたが　わかる　人は　（　　　）　いません。

1　だれも　　2　だれか　　3　だれの　　4　だれと

21 父は　やさいを　（　　　）　います。

1　よんで　　2　うんで　　3　あそんで　　4　そだてて

22 あしたの　パーティーの　（　　　）を　しましょう。

1　しあい　　2　ようい　　3　ようじ　　4　しょうかい

23 わたしが（　　　）コーヒーは　おいしいです。

1　した　　2　いれた　　3　たてた　　4　やいた

24 その　日は　つごうが　わるいので、（　　　）の　日が　いいです。

1　とき　　2　いい　　3　べつ　　4　いつ

25 （　　　）いしゃに　なりたいです。

1　いつ　　2　いつか　　3　いつでも　　4　いつごろ

もんだい4　＿＿＿の　ぶんと　だいたい　おなじ　いみの　ぶんが　あります。1・2・3・4から　いちばん　いい　ものを　ひとつ　えらんで　ください。

（れい）　<u>この　へやは　きんえんです。</u>

1　この　へやは　たばこを　すっては　いけません。

2　この　へやは　たばこを　すっても　いいです。

3　この　へやは　たばこを　すわなければ　いけません。

4　この　へやは　たばこを　すわなくても　いいです。

（かいとうようし）

（れい）	●　②　③　④

26　<u>りんごは　いちごほど　すきではありません。</u>

1　りんごも　いちごも　きらいです。

2　りんごは　きらいですが、いちごは　すきです。

3　いちごより　りんごの　ほうが　すきです。

4　りんごより　いちごの　ほうが　すきです。

27　<u>わたしは　びょういんに　つとめて　います。</u>

1　わたしは　びょういんで　はたらいて　います。

2　わたしは　びょういんに　かよって　います。

3　わたしは　びょういんで　まって　います。

4　わたしは　びょういんに　むかって　います。

28　<u>この　えの　しゃしんを　とらせて　ください。</u>

1　この　えの　しゃしんを　とりたいです。

2　この　えの　しゃしんを　とって　もらいたいです。

3　この　えの　しゃしんを　とって　ほしいです。

4　この　えの　しゃしんを　とらないで　ほしいです。

29 こちらを　ごらんに　なりますか。

1　これを　聞きますか。

2　これを　見ますか。

3　これを　食べますか。

4　これを　飲みますか。

30 しゅくだいを　して　いる　ところです。

1　しゅくだいが　おわりました。

2　しゅくだいを　かならず　します。

3　しゅくだいを　いまから　します。

4　しゅくだいを　して　います。

もんだい5　つぎの　ことばの　つかいかたで　いちばん　いい　ものを
1・2・3・4から　ひとつ　えらんで　ください。

（れい）　こたえる

1　かんじを　大きく　こたえて　ください。
2　本を　たくさん　こたえて　ください。
3　わたしの　はなしを　よく　こたえて　ください。
4　先生の　しつもんに　ちゃんと　こたえて　ください。

（かいとうようし）

（れい）	①　②　③　●

31　聞こえる

1　先生の　じゅぎょうを　聞こえます。
2　となりの　へやから　こえが　聞こえます。
3　わたしの　はなしを　聞こえて　ください。
4　いっしょに　ラジオを　聞こえましょう。

32　おたく

1　あした　おたくに　うかがっても　いいですか。
2　わたしの　おたくは　とても　きれいです。
3　あした　おたくが　とどきますか。
4　あたらしい　おたくを　さがして　います。

33　さわぐ

1　でんしゃの　中で　さわがないで　ください。
2　デパートで　シャツを　さわぎます。
3　この　ポスターを　かべに　さわいで　ください。
4　この　ビルは　10ねんまえに　さわがれました。

34 デート

1　ぼうねんかいの　デートは　12月23日です。

2　ぼうねんかいに　さんかできるか　どうか、デートで　かくにんします。

3　デートを　もういちど　チェックします。

4　ぼくは　かのじょと　こうえんで　デートを　しました。

35 せわ

1　わからなかったので、もういちど　せわを　して　ください。

2　兄は　どうぶつの　せわを　するのが　すきです。

3　子どもたちは　こうえんで　せわを　して　います。

4　きょうから　あたらしい　かいしゃで　せわします。

合格模試　第2回　　　　　　　　問題用紙

N4

言語知識（文法）・読解

（60分）

この模擬試験は2020年度以前の問題数・試験時間に沿って作られています。
問題用紙に記載の通りの試験時間で実施してください。

注　　意
Notes

1. 試験が始まるまで、この問題用紙を開けないでください。
   Do not open this question booklet until the test begins.

2. この問題用紙を持って帰ることはできません。
   Do not take this question booklet with you after the test.

3. 受験番号と名前を下の欄に、受験票と同じように書いてください。
   Write your examinee registration number and name clearly in each box below as written on your test voucher.

4. この問題用紙は、全部で14ページあります。
   This question booklet has 14 pages.

5. 問題には解答番号の [1]、[2]、[3] … があります。
   解答は、解答用紙にある同じ番号のところにマークしてください。
   One of the row numbers [1], [2], [3] … is given for each question. Mark your answer in the same row of the answer sheet.

受験番号　Examinee Registration Number	

名前　Name	

もんだい1　(　　)に　何を　入れますか。1・2・3・4から　いちばん
いい　ものを　一つ　えらんで　ください。

(例) あした　京都（れい・きょうと）(　　)　行きます。

1　を　　2　へ　　3　と　　4　の

(解答用紙)(かいとうようし)

(例)	①　●　③　④

---

1 日曜日(にちようび)は　家で　勉強(べんきょう)して　いますが、友だちと　(　　)　ことも　あります。

1　出かけ　　2　出かける　　3　出かけない　　4　出かけた

2 先生に　日本語を　教えて　(　　)。

1　いただきました　　2　まいりました

3　くださいました　　4　さしあげました

3 この　本は　字が　大きいですから、目が　悪い(わるい)　人(　　)　読めます。

1　でも　　2　だけ　　3　より　　4　なら

4 A「少し　疲れましたね。」

B「じゃあ、きゅうけい(　　)　しましょうか。」

1　へ　　2　か　　3　で　　4　に

5 妹は　おかしを　見ると、いつも　食べ(　　)。

1　ほしい　　2　てほしい　　3　たい　　4　たがる

6 はやく　みなさんの　役(やく)に　立てる(　　)　がんばります。

1　ために　　2　までに　　3　ように　　4　ことに

7 A「いつ　出かけますか。」

B「シャワーを　あびた(　　)、出かけます。」

1　とき　　2　から　　3　まえに　　4　あとで

第2回

文法

8 ぼうしを　（　　　）まま、お寺（てら）の　中に　入っては　いけません。

1　かぶる　　2　かぶって　　3　かぶり　　4　かぶった

9 この　部屋（へや）は　いまから　使うので、電気を　つけて　（　　　）　ください。

1　あって　　2　おいて　　3　みて　　4　いて

10 おなかが　いたくて、朝（あさ）から　何も　（　　　）　いた。

1　食べられて　　2　食べなくて　　3　食べて　　4　食べないで

11 教室（きょうしつ）に　着（つ）いたら、じゅぎょうが　（　　　）。

1　はじまって　いました　　2　はじめて　います

3　はじまります　　4　はじめました

12 夜（よる）　おそい　時間に　家に　帰って、父を　（　　　）。

1　おこらせました　　2　おこられました

3　おこって　もらいました　　4　おこって　くれました

13 先週　かした　本を　返（かえ）して　（　　　）。

1　しませんか　　2　ありませんか

3　あげませんか　　4　もらえませんか

14 10年（　　　）　続（つづ）いた　せんそうが　とうとう　終（お）わった。

1　は　　2　で　　3　も　　4　に

15 子どもの　しょうらいを　考（かんが）えて、夏休（なつやす）み中（ちゅう）でも　（　　　）。

1　勉強（べんきょう）して　います　　2　勉強（べんきょう）させて　います

3　勉強（べんきょう）してくれました　　4　勉強（べんきょう）しました

もんだい2　＿★＿に　入る　ものは　どれですか。1・2・3・4から　いちばん　いい　ものを　一つ　えらんで　ください。

（問題例(もんだいれい)）

本は　＿＿＿　＿＿＿　＿★＿　＿＿＿　あります。

1　の　　2　に　　3　上　　4　つくえ

（答(こた)え方(かた)）

1.　正(ただ)しい　文(ぶん)を　作(つく)ります。

本は　＿＿＿　＿＿＿　＿★＿　＿＿＿　あります。 4　つくえ　1　の　3　上　2　に

2.　＿★＿に　入(はい)る　番号(ばんごう)を　黒(くろ)く　塗(ぬ)ります。

（解答用紙(かいとうようし)）

（例(れい)）	①　②　●　④

---

16 田中(たなか)「山下(やました)くん、元気(げんき)が　ないね。どうしたの？」
山下(やました)「じつは、＿＿＿　＿＿＿　＿＿＿　＿★＿　と　言われたんだ。」

1　に　　2　くれ　　3　別(わか)れて　　4　彼女(かのじょ)

17 今日は　＿＿＿　＿＿＿　＿★＿　＿＿＿　どうですか。

1　手ぶくろを　　2　から　　3　したら　　4　さむい

18 ここで　タバコを　＿＿＿　＿＿＿　＿＿＿　＿★＿　知(し)って　いますよね。

1　いけない　　2　吸(す)っては　　3　ことを　　4　という

19 A「田中(たなか)さんは　もう　もどって　きましたか。」

B「ちょっと　＿＿＿　＿★＿　＿＿＿　＿＿＿　きます。」

1　見に　　2　行って　　3　部屋(へや)　　4　まで

20 日本語を　＿★＿　＿＿＿　＿＿＿　＿＿＿　は　ありますか。

1　話す　　2　たくさん　　3　クラス　　4　ことが　できる

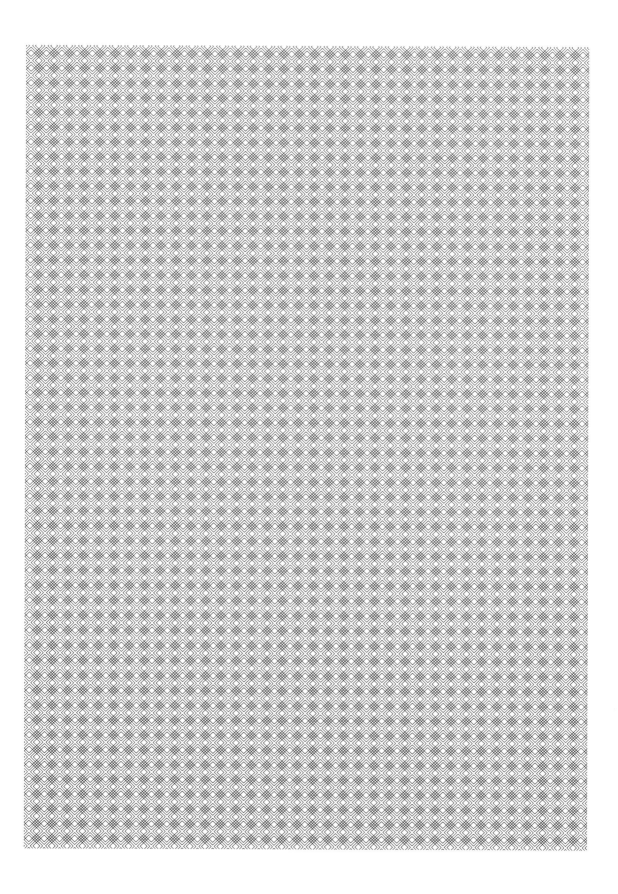

もんだい３　[21] から　[25] に　何を　入れますか。文章の　意味を　考えて、
１・２・３・４から　いちばん　いい　ものを　一つ　えらんで　ください。

下の　文章は　留学生が　書いた　作文です。

日本の　夏

アメリア・テイラー

私が　一番　好きな　きせつ [21] 夏です。日本の　夏は　6月から　はじまります。6月は　「梅雨」と　言って　ずっと　雨 [22] ふって　います。でも、雨が　ふらないと、野菜や　お米が　大きく　ならないので、「梅雨」は　とても　大切です。「梅雨」は　7月で　終わります。

7月に　なると、夏休みが　はじまるので、子どもたちは　学校に [23]。子どもたちは　友だちと [24]、プールへ　行ったり、宿題を　したりします。

8月は　一番　暑い　月です。13日から　15日まで、「お盆休み」に　なります。「お盆休み」には、旅行や、遠くに　住んで　いる　おじいちゃん　おばあちゃんの　家に　行く　人が　多いです。日本の　夏は　暑いですが、海や　プール、花火大会、おまつりなど、おもしろい　ことが　たくさん　あります。[25] 私は　夏が　大好きです。

21

1　で　　2　に　　3　は　　4　と

22

1　しか　　2　ばかり　　3　より　　4　まで

23

1　行かなくても　いいです　　2　行かなくては　なりません
3　行きたがります　　4　行く　ことに　なります

24

1　遊(あそ)ぶなら　　2　遊(あそ)べば　　3　遊(あそ)んだら　　4　遊(あそ)んだり

25

1　だけど　　2　だから　　3　それに　　4　もし

第2回

文法

もんだい４　つぎの(1)から(4)の文章を読んで、質問に答えてください。答えは、１・２・３・４から、いちばんいいものを一つえらんでください。

(1)

美花さんが学校から帰ってきたら、つくえの上に、このメモが置いてありました。

> 美花へ
>
> 買いものに行ってきます。冷蔵庫の中に、ぶどうが入っているので、宿題が終わったら食べてください。ぶどうは、おばあちゃんが送ってくれました。あとで、いっしょにおばあちゃんに電話をかけましょう。
>
> お母さんより

26 美花さんは、まず何をしなければなりませんか。

1　買いものに行く。

2　ぶどうを食べる。

3　宿題をする。

4　おばあちゃんに電話をかける。

(2)

この前、友だちと一緒にラーメンを食べに行きました。ラーメンを食べようとしたとき、友だちが「ちょっと待って！　まだ食べないで！」と言って、ラーメンの写真をたくさん撮っていました。友だちが写真を撮り終わったときには、温かいラーメンが冷めてしまって、おいしくなくなってしまいました。最近、ごはんを食べる前に写真を撮る人が増えてきました。私は、料理は一番おいしいときに食べたほうがいいと思うので、そういうことをしないでほしいと思います。

27 そういうことはどんなことですか。

1　友だちと一緒にごはんを食べに行くこと

2　料理が冷めて、おいしくなくなってしまったこと

3　食べる前に料理の写真を撮ること

4　一番おいしいときに料理を食べること

(3)

インターネットで買い物をしています。

【インターネットで買われるお客様へ】

- ■ 送料は200円です。3,000円以上買うと、送料はかかりません。
- ■ 注文してから3日後に商品をお届けできます。
- ■ 注文した次の日にお届けするサービスをご利用される場合は、300円かかります。
- ■ メッセージカードをつける場合は、100円かかります。
- ■ 商品のキャンセルはできません。

28 友だちにプレゼントするため、2,500円のシャツを買うことにしました。あさってには届けたいです。メッセージカードもつけようと思っています。いくらになりますか。

1　2,600円

2　2,800円

3　3,000円

4　3,100円

(4)

私は、いつも車を運転するとき、歌を歌っています。でも、お母さんは、車を運転するときに歌を歌っていると、事故をおこしてしまうかもしれないから、やめたほうがいいと言っています。車の中だったら歌を歌っても、あまりうるさくないし、とても楽しい気持ちになります。でも、私は事故をおこさないように、気をつけているし、一度も事故をおこしたことはないので、大丈夫だと思っています。

29 この人について、正しいものはどれですか。

1　車を運転していると、いつも楽しい気持ちになる。
2　歌を歌っていて、事故をおこしてしまったことがある。
3　車の運転に気をつけていれば、歌っても大丈夫だと思っている。
4　事故をおこさないために、歌うのをやめることにした。

もんだい5　つぎの文章を読んで、質問に答えてください。答えは、1・2・3・4から、いちばんいいものを一つえらんでください。

これは留学生が書いた作文です。

山田さんの家族と私

アンナ

先週、私は山田さんの家に遊びに行きました。山田さんの家は、私のアパートから遠いので、電車とバスを使わなければなりません。私は、電車とバスを使うのが初めてなので、「もし、電車とバスを間違えたらどうしよう」と、とても心配でした。私が山田さんに①そのことを伝えると、山田さんはお父さんに、アパートまで車で迎えに来てくれるようにお願いしてくれました。山田さんのお父さんは、すぐに「②もちろん、いいよ」と言ってくれました。

山田さんの家に着くと、山田さんのお母さんと高校生の妹さんが迎えてくれました。私は山田さんの家族に国で買ってきたおみやげを渡して、「一緒に飲みましょう」と言いました。すると、③みんなは少し困った顔をしました。私が買ってきたおみやげは、ワインでした。私の国では、ワインを飲みながら、みんなでごはんを食べます。しかし、山田さんのお父さんとお母さんはお酒が飲めないし、山田さんと妹さんは、まだお酒を飲んではいけません。私は「失敗した」と思いました。おみやげを買うなら、（　　　　　）と思いました。でも、山田さんの家族は、めずらしいワインだからうれしいと言ってよろこんでくれました。

そして、家族みんなで、たこ焼きを作って食べたり、ゲームをしたり、たくさん話をしたりしました。とても楽しい一日でした。

30 ①そのこととはどんなことですか。

1　山田さんの家に遊(あそ)びに行くこと

2　山田さんの家がアパートから遠(とお)いこと

3　電車とバスを間違(まちが)えたこと

4　電車とバスに乗るのが心配(しんぱい)なこと

31 お父さんは②「もちろん、いいよ」と言って、何をしてくれましたか。

1　アンナさんに電車とバスの乗り方を教えてくれた。

2　アンナさんのアパートに遊(あそ)びに来てくれた。

3　車でアンナさんを迎(むか)えに来てくれた。

4　山田さんに迎(むか)えに来るようにお願(ねが)いしてくれた。

32 なぜ③みんなは少し困(こま)った顔(かお)をしましたか。

1　山田さんの家族は、だれもワインが飲めないから。

2　山田さんの家族は、おみやげを買っていなかったから。

3　山田さんの家族は、ワインを飲みながら、ごはんを食べないから。

4　山田さんの家族は、お酒(さけ)を飲んではいけないから。

33 （　　　）に入れるのに、いちばんいい文(ぶん)はどれですか。

1　めずらしいワインをよろこんでくれてよかった

2　ワインじゃなくてビールにすればよかった

3　国で買ってきたおみやげはよくない

4　家族が好きなものを聞いておいたほうがよかった

もんだい６　右のページを見て、下の質問に答えてください。答えは、１・２・３・４から、いちばんいいものを一つえらんでください。

34 リーさんはあおぞら市内にあるさくら大学の留学生で、初めてあおぞら大学の図書館に行きます。リーさんは、まず何をしなければいけませんか。

1　大学からもらった利用カードを使って、図書館に入る。
2　受付であおぞら大学の利用カードを作る。
3　借りたい本と利用カードを一緒に受付に出す。
4　コピー申込書を書いて、受付に出す。

35 日曜日にCDを返す人はどうすればいいですか。

1　日曜日以外の日に受付に返す。
2　受付に借りたCDを返す。
3　入口の前の返却ボックスに入れる。
4　図書館に連絡する。

あおぞら大学図書館のご利用について

● 利用できる人

あおぞら大学の大学生・留学生・先生

あおぞら市内にあるさくら大学・うみの大学の大学生・留学生・先生

● 利用時間

月曜日～金曜日　8：30 ～ 20：00

土曜日　9：00 ～ 17：00

● 利用方法

あおぞら大学の大学生・留学生・先生が図書館を利用するときは、大学からもらった利用カードを使ってください。

あおぞら大学ではない大学の大学生・留学生・先生が、初めて図書館を利用するときは、受付で利用カードを作ってください。

● 借りるとき

借りたい本やCDなどと利用カードを一緒に受付に出してください。

本は2週間借りることができます。

CD、DVDは1週間借りることができます。

● 返すとき

返す本やCDなどを受付に返してください。

図書館が閉まっているときは、入口の前にある返却ボックスに入れてください。

CD、DVDは返却ボックスに入れないで、必ず受付に返してください。

● 注意

本をコピーするときは、コピー申込書を書いて、受付に出してください。

図書館の本を汚したり、なくしたりした場合は、必ず図書館に連絡してください。

あおぞら大学図書館

合格模試　第2回　　　　　　　　　　　　　　　　問題用紙

N4

聴解

(35分)

注　　意

Notes

1. 試験が始まるまで、この問題用紙を開けないでください。

   Do not open this question booklet until the test begins.

2. この問題用紙を持って帰ることはできません。

   Do not take this question booklet with you after the test.

3. 受験番号と名前を下の欄に、受験票と同じように書いてください。

   Write your examinee registration number and name clearly in each box below as written on your test voucher.

4. この問題用紙は、全部で15ページあります。

   This question booklet has 15 pages.

5. この問題用紙にメモをとってもいいです。

   You may make notes in this question booklet.

受験番号　Examinee Registration Number	

名前　Name	

もんだい1 N4_2_02

もんだい1では、まず　しつもんを　聞いて　ください。それから　話を　聞いて、もんだいようしの　1から4の　中から、いちばん　いい　ものを　一つ　えらんで　ください。

れい N4_2_03

1　ゆうびんきょくの　前で　まつ
2　ちゃいろい　ビルの　中に　入る
3　コンビニで　買いものを　する
4　しんごうを　わたる

1ばん N4_2_04

1

2

3

4

2ばん N4_2_05

1　1,000円（えん）

2　2,000円（えん）

3　3,000円（えん）

4　4,000円（えん）

3ばん N4_2_06

1

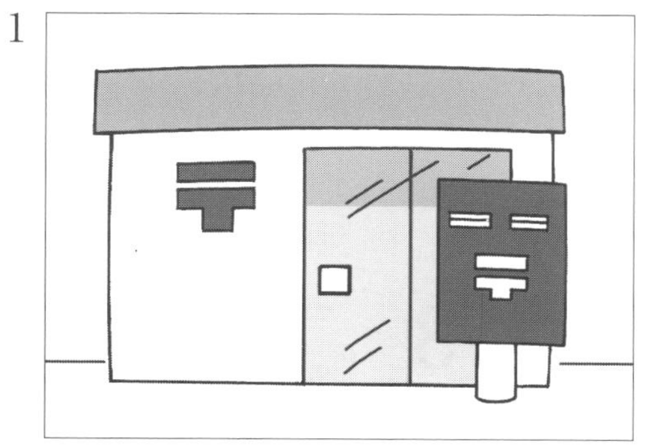

2

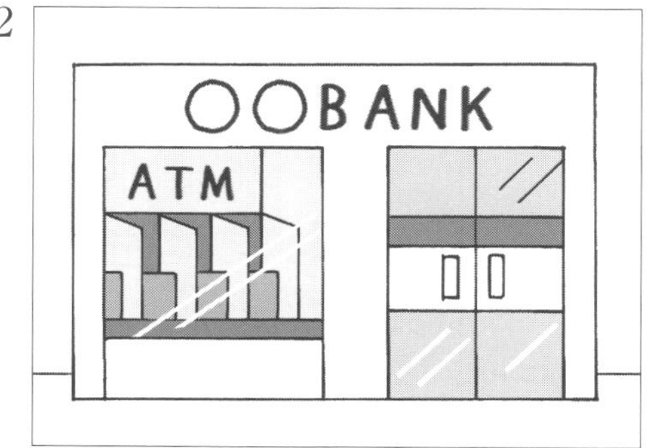

3

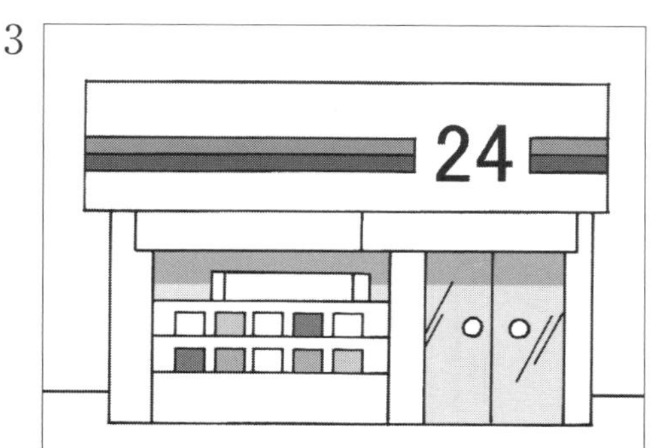

4

4ばん N4_2_07

1　ア　イ
2　イ　エ
3　ウ　オ
4　ウ　エ

5ばん N4_2_08

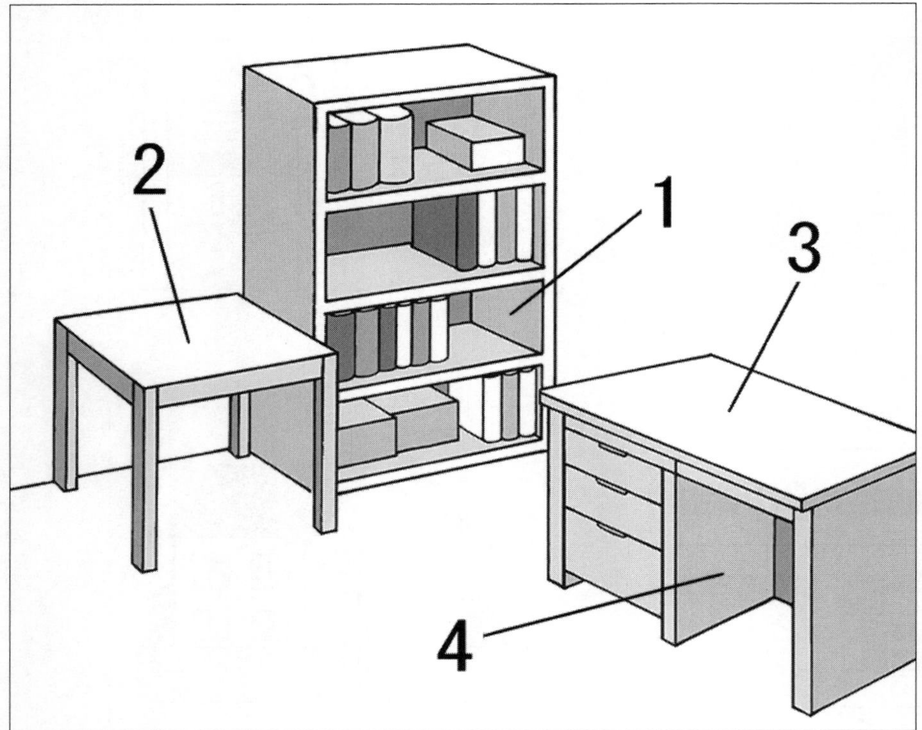

6ばん N4_2_09

1　5時～11時
2　2時～4時
3　6時～10時
4　4時～10時

7ばん N4_2_10

1　山本(やまもと)さん

2　しゃちょう

3　林(はやし)くん

4　大野(おおの)さん

8ばん N4_2_11

1

2

3

4

もんだい2　N4_2_12

もんだい2では、まず　しつもんを　聞いて　ください。そのあと、もんだいようしを　見て　ください。読む　時間が　あります。それから　話を　聞いて、もんだいようしの　1から4の　中から、いちばん　いい　ものを　一つ　えらんで　ください。

れい　N4_2_13

1　ピンクの　きもの
2　くろい　きもの
3　ピンクの　ドレス
4　くろい　ドレス

1ばん N4_2_14

1　やきゅう

2　サッカー

3　バスケットボール

4　さかなつり

2ばん N4_2_15

1　月(げつ)よう日(び)

2　水(すい)よう日(び)

3　木(もく)よう日(び)

4　金(きん)よう日(び)

3ばん N4_2_16

1　くるまで　行く
2　でんしゃで　行く
3　あるいて　行く
4　タクシーで　行く

4ばん N4_2_17

1　くるまが　おおかったから
2　人が　どうろに　とび出して　きたから
3　けいたいでんわを　見て　いたから
4　くるまに　きが　つかなかったから

5ばん　N4_2_18

1　まいにち
2　しゅうに　2日(ふつか)
3　しゅうに　3日(みっか)
4　しゅうに　4日(よっか)

6ばん　N4_2_19

1　女(おんな)の　人(ひと)
2　男(おとこ)の　人(ひと)
3　行(い)く　ときは　男(おとこ)の　人(ひと)、かえる　ときは　女(おんな)の　人(ひと)
4　くるまで　行(い)くのを　やめる

7ばん N4_2_20

1　えき
2　じぶんの　家(いえ)
3　友(とも)だちの　家(いえ)
4　びょういん

もんだい3 N4_2_21

もんだい3では、えを　見(み)ながら　しつもんを　聞(き)いて　ください。➡（やじるし）の　人(ひと)は　何(なん)と　言(い)いますか。1から3の　中(なか)から、いちばん　いい　ものを　一(ひと)つ　えらんで　ください。

れい N4_2_22

1ばん N4_2_23

2ばん N4_2_24

3ばん N4_2_25

4ばん N4_2_26

第2回

聴解

5ばん N4_2_27

もんだい４ N4_2_28

もんだい４では、えなどが　ありません。　ぶんを　聞(き)いて、１から３の　中(なか)から、いちばん　いい　ものを　一(ひと)つ　えらんで　ください。

れい N4_2_29

１ばん N4_2_30

２ばん N4_2_31

３ばん N4_2_32

４ばん N4_2_33

５ばん N4_2_34

６ばん N4_2_35

７ばん N4_2_36

８ばん N4_2_37

ごうかくもし　かいとうようし

N4 げんごちしき（もじ・ごい）

第2回

じゅけんばんごう Examinee Registration Number		なまえ Name	

〈ちゅうい　Notes〉

1. くろいえんぴつ（HB、No.2）でかいてください。
   Use a black medium soft (HB or No.2) pencil.
   （ペンやボールペンではかかないでください。）
   (Do not use any kind of pen.)
2. かきなおすときは、けしゴムできれいにけしてください。
   Erase any unintended marks completely.
3. きたなくしたり、おったりしないでください。
   Do not soil or bend this sheet.
4. マークれい Marking Examples

よいれい Correct Example	わるいれい Incorrect Examples
●	⊗ ✓ ○ ◎ ◍ ⦶ ●

もんだい1				
1	①	②	③	④
2	①	②	③	④
3	①	②	③	④
4	①	②	③	④
5	①	②	③	④
6	①	②	③	④
7	①	②	③	④
8	①	②	③	④
9	①	②	③	④
もんだい2				
10	①	②	③	④
11	①	②	③	④
12	①	②	③	④
13	①	②	③	④
14	①	②	③	④
15	①	②	③	④

もんだい3				
16	①	②	③	④
17	①	②	③	④
18	①	②	③	④
19	①	②	③	④
20	①	②	③	④
21	①	②	③	④
22	①	②	③	④
23	①	②	③	④
24	①	②	③	④
25	①	②	③	④
もんだい4				
26	①	②	③	④
27	①	②	③	④
28	①	②	③	④
29	①	②	③	④
30	①	②	③	④

もんだい5				
31	①	②	③	④
32	①	②	③	④
33	①	②	③	④
34	①	②	③	④
35	①	②	③	④

ごうかくもし　かいとうようし

N4 げんごちしき（ぶんぽう）・どっかい

第2回

じゅけんばんごう Examinee Registration Number		なまえ Name	

〈ちゅうい　Notes〉

1. くろいえんぴつ（HB、No.2）でかいてください。
   Use a black medium soft (HB or No.2) pencil.
   （ペンやボールペンではかかないでください。）
   (Do not use any kind of pen.)
2. かきなおすときは、けしゴムできれいにけしてください。
   Erase any unintended marks completely.
3. きたなくしたり、おったりしないでください。
   Do not soil or bend this sheet.
4. マークれい Marking Examples

よいれい Correct Example	わるいれい Incorrect Examples
●	⊗ ✓ ○ ◎ ⊜ ◐ ●

もんだい1	
1	① ② ③ ④
2	① ② ③ ④
3	① ② ③ ④
4	① ② ③ ④
5	① ② ③ ④
6	① ② ③ ④
7	① ② ③ ④
8	① ② ③ ④
9	① ② ③ ④
10	① ② ③ ④
11	① ② ③ ④
12	① ② ③ ④
13	① ② ③ ④
14	① ② ③ ④
15	① ② ③ ④
もんだい2	
16	① ② ③ ④
17	① ② ③ ④
18	① ② ③ ④
19	① ② ③ ④
20	① ② ③ ④

もんだい3	
21	① ② ③ ④
22	① ② ③ ④
23	① ② ③ ④
24	① ② ③ ④
25	① ② ③ ④
もんだい4	
26	① ② ③ ④
27	① ② ③ ④
28	① ② ③ ④
29	① ② ③ ④
もんだい5	
30	① ② ③ ④
31	① ② ③ ④
32	① ② ③ ④
33	① ② ③ ④

もんだい6	
34	① ② ③ ④
35	① ② ③ ④

ごうかくもし　かいとうようし

N4 ちょうかい

第2回

じゅけんばんごう Examinee Registration Number		なまえ Name	

〈ちゅうい　Notes〉

1. くろいえんぴつ（HB、No.2）でかいてください。
   Use a black medium soft (HB or No.2) pencil.
   （ペンやボールペンではかかないでください。）
   (Do not use any kind of pen.)
2. かきなおすときは、けしゴムできれいにけしてください。
   Erase any unintended marks completely.
3. きたなくしたり、おったりしないでください。
   Do not soil or bend this sheet.
4. マークれい Marking Examples

よいれい Correct Example	わるいれい Incorrect Examples
●	⊗ ✓ ○ ◎ ⊜ ⦶ ●

もんだい1				
れい	①	②	③	●
1	①	②	③	④
2	①	②	③	④
3	①	②	③	④
4	①	②	③	④
5	①	②	③	④
6	①	②	③	④
7	①	②	③	④
8	①	②	③	④

もんだい2				
れい	①	②	③	●
1	①	②	③	④
2	①	②	③	④
3	①	②	③	④
4	①	②	③	④
5	①	②	③	④
6	①	②	③	④
7	①	②	③	④

もんだい3			
れい	●	②	③
1	①	②	③
2	①	②	③
3	①	②	③
4	①	②	③
5	①	②	③

もんだい4			
れい	●	②	③
1	①	②	③
2	①	②	③
3	①	②	③
4	①	②	③
5	①	②	③
6	①	②	③
7	①	②	③
8	①	②	③

N4
げんごちしき（もじ・ごい）
（30ぷん）

この模擬試験は2020年度以前の問題数・試験時間に沿って作られています。
問題用紙に記載の通りの試験時間で実施してください。

ちゅうい
Notes

1. しけんが　はじまるまで、この　もんだいようしを　あけないで　ください。
   Do not open this question booklet until the test begins.
2. この　もんだいようしを　もって　かえる　ことは　できません。
   Do not take this question booklet with you after the test.
3. じゅけんばんごうと　なまえを　したの　らんに、じゅけんひょうと　おなじように　かいて　ください。
   Write your examinee registration number and name clearly in each box below as written on your test voucher.
4. この　もんだいようしは、ぜんぶで　9ページ　あります。
   This question booklet has 9 pages.
5. もんだいには　かいとうばんごうの 1 、 2 、 3 … が　あります。かいとうは、かいとうようしに　ある　おなじ　ばんごうの　ところに　マークして　ください。
   One of the row numbers 1 , 2 , 3 … is given for each question. Mark your answer in the same row of the answer sheet.

じゅけんばんごう　Examinee Registration Number	
なまえ　Name	

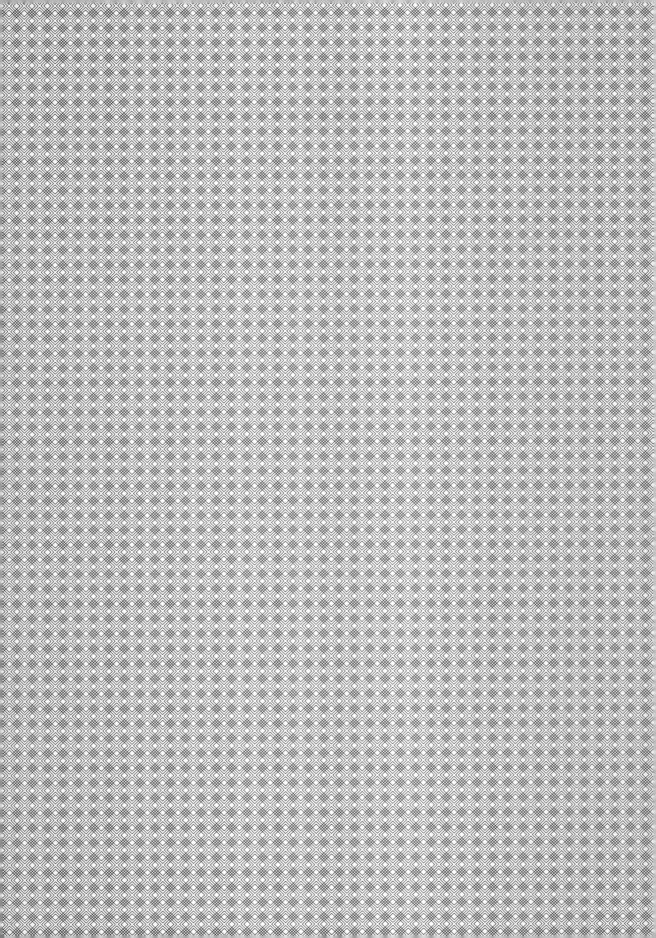

もんだい1　＿＿＿の　ことばは　ひらがなで　どう　かきますか。
1・2・3・4から　いちばん　いい　ものを　ひとつ　えらんで
ください。

（れい）　この　りんごが　とても　甘いです。
1　あかい　　2　あまい　　3　あおい　　4　あらい

（かいとうようし）

（れい）	①　●　③　④

---

1 8時に　がっこうに　着きました。
1　なき　　2　つき　　3　とどき　　4　きき

2 たいふうで、たくさんの　どうぶつが　死にしました。
1　あ　　2　き　　3　ふ　　4　し

3 きのう　牛肉を　食べました。
1　とりにく　　2　ぶたにく　　3　ぎょうにく　　4　ぎゅうにく

4 日本の　旅館に　はじめて　とまりました。
1　ほてる　　2　りょかん　　3　たびかん　　4　りょうかん

5 きょうは　空が　きれいですね。
1　そら　　2　ほし　　3　つき　　4　くう

6 じかんが　足りなくて、できませんでした。
1　あし　　2　そく　　3　あ　　4　た

7 友だちと　サッカーの　試合を　見ます。
1　しあう　　2　しけん　　3　しごう　　4　しあい

8 きょうは　この　レストランは　<u>空いて</u>　います。

1　すいて　　2　ないて　　3　きいて　　4　さいて

9 きのう　デパートに　<u>服</u>を　買いに　行きました。

1　くつ　　2　かし　　3　ふく　　4　あめ

もんだい2 ＿＿＿の ことばは どう かきますか。1・2・3・4から いちばん いい ものを ひとつ えらんで ください。

（れい） つくえの うえに ねこが います。

1 上　2 下　3 左　4 右

（かいとうようし）

（れい）	● ② ③ ④

10 この へやは ひろいです。

1 広い　2 長い　3 狭い　4 細い

11 あそこで うたって いるのは たなかさんです。

1 踊って　2 歌って　3 笑って　4 怒って

12 どうしたら いいか わからなくて こまって います。

1 因って　2 困って　3 国って　4 目って

13 えきの まえで 友だちと わかれました。

1 集れ　2 別れ　3 急れ　4 回れ

14 この みせの ラーメンは とくに おいしいです。

1 持に　2 待に　3 特に　4 地に

15 友だちに おもしろい えいがを しょうかいしました。

1 招待　2 紹介　3 介紹　4 待招

もんだい3　（　　　）に　なにを　いれますか。1・2・3・4から　いちばん　いい　ものを　ひとつ　えらんで　ください。

（れい）　この　おかしは　（　　　）　おいしくないです。

1　とても　　2　すこし　　3　あまり　　4　しょうしょう

（かいとうようし）

（れい）	①　②　●　④

---

16 むずかしい　かんじを　かくのは　まだ　（　　　）です。

1　むり　　2　じょうず　　3　すき　　4　きらい

17 おいしそうな　（　　　）が　します。

1　こえ　　2　あじ　　3　いろ　　4　におい

18 ねぼうして　しけんに　（　　　）しまいました。

1　わすれて　　2　おくれて　　3　まにあって　　4　さんかして

19 じこの　ニュースを　見て、（　　　）しました。

1　はっきり　　2　そっくり　　3　しっかり　　4　びっくり

20 いそがしくて　（　　　）　メールの　チェックが　できません。

1　しょうしょう　　2　やっと　　3　なかなか　　4　むりに

21 友だち（　　　）に　先生も　パーティーに　きます。

1　いない　　2　いか　　3　いじょう　　4　いがい

22 この　あたりは　（　　　）が　ふべんです。

1　どうろ　　2　こうつう　　3　くうこう　　4　えき

23 10時に　友だちと　会いますから、でかける　（　　　）を　します。

1　じゅんび　　2　れんらく　　3　あんない　　4　へんじ

24 にもつが　おもくて　（　　　）が　いたい。

1　かお　　2　のど　　3　はな　　4　うで

25 わたしの　くにには、（　　　）　どうぶつが　います。

1　めずらしい　　2　めったに　　3　むずかしい　　4　すくない

第3回

文字・語彙

もんだい4　＿＿＿の　ぶんと　だいたい　おなじ　いみの　ぶんが　あります。1・2・3・4から　いちばん　いい　ものを　ひとつ　えらんで　ください。

（れい）　この　へやは　きんえんです。

1　この　へやは　たばこを　すっては　いけません。

2　この　へやは　たばこを　すっても　いいです。

3　この　へやは　たばこを　すわなければ　いけません。

4　この　へやは　たばこを　すわなくても　いいです。

（かいとうようし）

（れい）	●　②　③　④

26　なまえを　かく　ひつようは　ありません。

1　なまえを　かいても　いいです。

2　なまえを　かかなくても　いいです。

3　なまえを　かいては　いけません。

4　なまえを　かかなくては　いけません。

27　この　へやは　ひえますね。

1　この　へやは　さむいですね。

2　この　へやは　あたたかいですね。

3　この　へやは　あかるいですね。

4　この　へやは　くらいですね。

28　わたしは　どくしんです。

1　わたしは　かぞくが　いません。

2　わたしは　友だちが　いません。

3　わたしは　しごとして　いません。

4　わたしは　けっこんして　いません。

29 きょうしつに　おおぜいの　人が　います。

1　きょうしつに　何人か　います。

2　きょうしつに　だれも　いません。

3　きょうしつに　たくさん　人が　います。

4　きょうしつに　まあまあ　人が　います。

30 わたしは　ねるまえに　たまに　おんがくを　ききます。

1　わたしは　ねるまえに　かならず　おんがくを　ききます。

2　わたしは　ねるまえに　いつも　おんがくを　ききます。

3　わたしは　ねるまえに　ときどき　おんがくを　ききます。

4　わたしは　ねるまえに　たいてい　おんがくを　ききます。

もんだい5　つぎの　ことばの　つかいかたで　いちばん　いい　ものを　1・2・3・4から　ひとつ　えらんで　ください。

（れい）　こたえる

1　かんじを　大きく　こたえて　ください。

2　本を　たくさん　こたえて　ください。

3　わたしの　はなしを　よく　こたえて　ください。

4　先生の　しつもんに　ちゃんと　こたえて　ください。

（かいとうようし）

（れい）	①　②　③　●

31　かわく

1　いい　てんきだったので、せんたくものが　よく　かわきました。

2　ひるごはんを　食べなかったので、おなかが　かわきました。

3　よく　べんきょうしたので、あたまが　かわきました。

4　テニスを　したので、からだが　かわきました。

32　しょうらい

1　この　いぬは　しょうらい　大きく　なります。

2　しょうらいは　おかねもちに　なりたいです。

3　しょうらい　8時から　友だちが　きます。

4　よる　ねないと、しょうらい　ちこくしますよ。

33　りっぱ

1　もっと　りっぱに　そうじして　ください。

2　ずっと　りっぱな　雨が　ふって　いますね。

3　りっぱだと　おもいますが、がんばって　ください。

4　りっぱな　スピーチでしたね。

34 くばる

1　はなに　みずを　<u>くばります</u>。

2　先生が　テストの　もんだいようしを　<u>くばります</u>。

3　コーヒーに　さとうを　<u>くばります</u>。

4　お母さんは　あかちゃんに　ミルクを　<u>くばります</u>。

35 やむ

1　やっと　ゆきが　<u>やみました</u>。

2　すきだった　先生が　<u>やみました</u>。

3　がっこうの　まえで　くるまが　<u>やみました</u>。

4　子どもが　ないて　いましたが、<u>やみました</u>。

合格模試　第3回　　　　問題用紙

N4
言語知識（文法）・読解
（60分）

この模擬試験は2020年度以前の問題数・試験時間に沿って作られています。
問題用紙に記載の通りの試験時間で実施してください。

注　　意
Notes

1. 試験が始まるまで、この問題用紙を開けないでください。
   Do not open this question booklet until the test begins.
2. この問題用紙を持って帰ることはできません。
   Do not take this question booklet with you after the test.
3. 受験番号と名前を下の欄に、受験票と同じように書いてください。
   Write your examinee registration number and name clearly in each box below as written on your test voucher.
4. この問題用紙は、全部で14ページあります。
   This question booklet has 14 pages.
5. 問題には解答番号の［1］、［2］、［3］… があります。
   解答は、解答用紙にある同じ番号のところにマークしてください。
   One of the row numbers ［1］, ［2］, ［3］… is given for each question. Mark your answer in the same row of the answer sheet.

受験番号　Examinee Registration Number	

名前　Name	

もんだい1　（　　　）に　何を　入れますか。1・2・3・4から　いちばん　いい　ものを　一つ　えらんで　ください。

（例）　あした　京都（　　　）　行きます。

1　を　　2　へ　　3　と　　4　の

（解答用紙）

（例）	①　●　③　④

1　休みの　日は　いつも　母（　　　）　料理を　するのを　手伝います。

1　は　　2　を　　3　に　　4　が

2　鈴木さんは　頭も　（　　　）　スポーツも　できます。

1　いいから　　2　よかったから　　3　よかったし　　4　いいし

3　これから　スーパーへ　行く　（　　　）です。

1　ところ　　2　とき　　3　こと　　4　ほう

4　家を　出てから　忘れもの（　　　）　気が　つきました。

1　が　　2　を　　3　で　　4　に

5　漢字の　（　　　）を　教えて　ください。

1　書きかた　　2　書くかた　　3　書かせかた　　4　書かれかた

6　この　くすりは　いたい　とき（　　　）　飲んで　ください。

1　で　　2　に　　3　や　　4　の

7　田中さんに　聞きましたよ。あしたは　（　　　）そうです。

1　ひまの　　2　ひまな　　3　ひまだ　　4　ひま

8　あの　二人は　先月　けっこんした　（　　　）です。

1　ところ　　2　あいだ　　3　ばかり　　4　とき

第3回

文法

9 A「どの　ぼうしが　いいですか。」
B「赤い（　　　）が　いいです。」

1　と　　2　こと　　3　の　　4　な

10 （　　　）　じょうぶな　自転車（じてんしゃ）が　ほしいです。

1　かるさで　　2　かるくて　　3　かるいで　　4　かるさの

11 A「レストランが　しまって　いますね。」
B「ええ。でも　もうすぐ　（　　　）。」

1　あくです　　2　あくでしょう　　3　あきました　　4　あきましょう

12 きのうは　3時間しか　（　　　）。

1　ねました　　2　ねませんでした
3　おきました　　4　おきませんでした

13 母に　（　　　）ように　きらいな　魚（さかな）を　全部（ぜんぶ）　食べました。

1　しからない　　2　しかれない　　3　しかられない　　4　しからせない

14 ぐあいが　悪（わる）いので、あしたは　（　　　）。

1　休（やす）ませても　いいですか　　2　休（やす）ませて　ください
3　休（やす）んで　くれませんか　　4　休（やす）みたいですか

15 私は　兄弟（きょうだい）が　いませんが、ペットを　かってからは、（　　　）。

1　さびしく　なくなりました　　2　さびしく　なりました
3　さびしく　なりそうです　　4　さびしかったです

もんだい２　＿★＿に　入る　ものは　どれですか。1・2・3・4から　いちばん　いい　ものを　一つ　えらんで　ください。

（問題例）

本は　＿＿＿　＿＿＿　＿★＿　＿＿＿　あります。

1　の　　　2　に　　　3　上　　　4　つくえ

（答え方）

1.　正しい　文を　作ります。

本は　＿＿＿　＿＿＿　＿★＿　＿＿＿　あります。 4　つくえ　1　の　3　上　2　に

2.　＿★＿に　入る　番号を　黒く　塗ります。

（解答用紙）

（例）	①　②　●　④

16　毎日　カレーを　＿＿＿　＿★＿　＿＿＿　＿＿＿　に　なります。

1　ばかり　　　2　食べさせられて　　　3　で　　　4　いや

17　両親に　＿＿＿　＿＿＿　＿★＿　＿＿＿　つもりです。

1　反対　　　2　する　　　3　されても　　　4　留学

18　前は　きらいだったけれど、＿＿＿　＿＿＿　＿★＿　＿＿＿。

1　ように　　　2　バナナが　　　3　なった　　　4　食べられる

19　料理が　＿★＿　＿＿＿　＿＿＿　＿＿＿　です。食べて　みて　ください。

1　ケーキ　　　2　姉が　　　3　上手な　　　4　作った

20 A「部長の　お誕生日の　プレゼントは、もう　買いましたか。」

B「はい。部長が　＿＿＿　＿＿＿　＿★＿　＿＿＿　しました。」

1　お酒を　　2　さしあげる　　3　好きな　　4　ことに

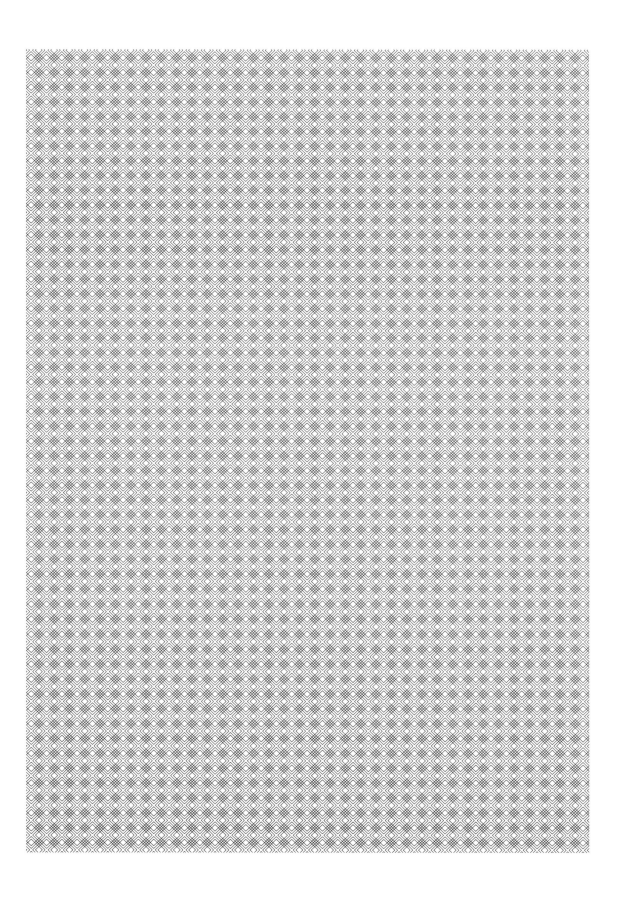

もんだい3　[21] から [25] に　何を　入れますか。文章の　意味を　考えて、1・2・3・4から　いちばん　いい　ものを　一つ　えらんで　ください。

下の　文章は　留学生が　書いた　作文です。

京都の　旅行

アルベルト

先週　私は　京都に　行きました。京都 [21] 古い　神社や　お寺が　たくさん　あります。私が　一番　おもしろいと　思った　お寺は、金閣寺です。金閣寺は　足利義満と　いう　人に　よって　1394年に [22]。金閣寺は　金色で、とても　きれいでした。そして、金閣寺の　庭 [23] きれいだと　思いました。

私は　金閣寺の　写真を　たくさん　撮りました。そのとき、日本人の　学生が　私に「すみません、[24]」と　聞きました。私は「もちろん、いいですよ。」と　言って、写真を　撮って　あげました。写真を　撮った　あと、日本人の　学生と　日本語で　いろいろ　話しました。とても　楽しかったです。

私は　京都が　とても　好きに　なりました。また [25] 京都に　行きたいです。

21

1　には　　2　では　　3　からは　　4　までは

22

1　建って　いました
2　建てさせました
3　建てようと　しました
4　建てられました

23

1　で　　2　に　　3　も　　4　から

24

1　写真を　撮って　あげましょうか
2　写真を　撮ったら　どうですか
3　写真を　撮って　いただけませんか
4　写真を　お撮りしましょうか

25

1　どこか　　2　いつか　　3　だれか　　4　どれか

もんだい４　つぎの(1)から(4)の文章を読んで、質問に答えてください。答えは、1・2・3・4から、いちばんいいものを一つえらんでください。

(1)

町のお掃除ボランティアの人がこのメモをもらいました。

> お掃除ボランティアのみなさんへ
>
> 毎週土曜日にやっている、町のお掃除ボランティアですが、いつも集まっている公園が工事で、使えません。そこで、来週から、集まる場所を公園ではなく、駅前の駐車場にすることにしました。時間はいつもと同じです。朝９時に、ごみ袋を持って駐車場に来てください。何かわからないことがあったら、田中さんに連絡してください。

26 このメモで一番伝えたいことは何ですか。

1　いつも使っている公園が工事をすること
2　集まる場所が駅前の駐車場になったということ
3　集まる場所と時間が変わったということ
4　田中さんに連絡してほしいということ

(2)

お酒は体によくないから、飲まないという人がいます。しかし、お酒を飲むと、気分がよくなり、ストレスを減らすことができるという人もいます。ただし、毎日お酒を飲み続けたり、一回にたくさんのお酒を飲んだりするのはやめましょう。また、何も食べないで、お酒だけを飲む飲み方も、体にはよくないので、注意してください。

27 お酒の飲み方としていいものはどれですか。

1　ごはんなどを食べながら、お酒を飲む。

2　ストレスを減らしながら、お酒を飲む。

3　毎日お酒を飲み続ける。

4　一回にたくさんのお酒を飲む。

第3回

読解

(3)

山川さんの机の上に、このメモが置いてありました。

> 山川さんへ
>
> 今日、会議をする部屋はせまますぎるので、もう少し大きい部屋に変えてもらえますか。
>
> 会議で使うパソコンは、私が用意しておきます。
>
> 田中くんが資料をコピーするのを手伝ってくれました。資料は机の上に置いておきます。
>
> 今日の会議は長くなりそうですが、がんばりましょう。
>
> 上田

28 山川さんは、何をしなければいけませんか。

1　大きい部屋を新しく予約する。

2　会議で使うパソコンを用意する。

3　田中くんのコピーを手伝う。

4　資料を机の上に置いておく。

(4)

私は、先月から動物園のアルバイトを始めました。仕事は、動物園に来るお客さんを案内したり、お客さんに動物について説明したりすることです。子どもたちには、動物のことがいろいろわかるように、動物の絵や写真を見せながら、わかりやすく話すようにしています。毎日忙しいですが、かわいい動物に会えて、とても楽しいです。

29 この人の仕事ではないものはどれですか。

1　お客さんに動物園の中を案内してあげる。
2　動物園に来たお客さんに動物について説明する。
3　子どもたちに動物の絵や写真をあげる。
4　動物のことについてわかりやすく話す。

もんだい5　つぎの文章を読んで、質問に答えてください。答えは、1・2・3・4から、いちばんいいものを一つえらんでください。

日本人は、だれかの話を聞いているあいだ、たくさんあいづちを打つ。あいづちを打つとは、何回も「うん、うん」や「へー」、「そうですね」と言ったり、頭を上下にふったりすることだ。あいづちは、「あなたの話を聞いていますよ」、「どうぞ、話を続けてください」ということを伝えるためのものである。

しかし、外国では、人の話を聞くときは、相手の目を見て、話し終わるまで、何も言わないほうがいいと考える文化もある。もし、その人と日本人が話すことがあったら、話している外国人には、話を聞いている日本人が「うん、うん」、「はい、はい」などのことばを言い続けるので、①うるさいと思う人もいるだろう。反対に、日本人は話をしているとき、外国人があいづちを打たないので、②不安に思ってしまうことが多いのではないかと思う。

文化が違うと、コミュニケーションの方法も違う。だから、日本人と外国人では、「（　　　　　）」ということを伝える方法が違うことを理解して、コミュニケーションのやりかたを考えたほうがいい。そうすれば、あいづちを打っても、打たなくても、気持ちよくコミュニケーションができるはずである。

30 なぜ①うるさいと思う人もいるのですか。

1　日本人は、相手が話し終わるまで、相手の目を見ているから。

2　日本人は、だれかが話しているときに、たくさんあいづちを打つから。

3　日本人は、あいづちを打たないで、たくさん話しているから。

4　日本人は、「うん、うん」、「はい、はい」しか言わないから。

31 なぜ②「不安に思ってしまう」のですか。

1　相手が、目をずっと見続けてくるから。

2　相手が、何回も「うん、うん」、「はい、はい」とあいづちを打つから。

3　相手が、話を聞いていないのではないかと思うから。

4　相手が、うるさいと思っているかどうかわからないから。

32 （　　）に入れるのに、一番いい文はどれですか。

1　「うん、うん」、「はい、はい」「へー」「なるほど」

2　聞いているかどうか不安です

3　何も言わないほうがいい

4　私はあなたの話を聞いていますよ

33 この文章を書いた人はどんな意見を持っていますか。

1　文化が違うことを理解して、よりよいコミュニケーションのやりかたを考えてみよう。

2　外国人に日本の文化を理解してもらうために、たくさんあいづちを打つべきだ。

3　文化が違う人とコミュニケーションをとることは難しいので、あきらめたほうがいい。

4　あいづちを打つと外国人にうるさいと思われるので、あいづちを打つべきではない。

もんだい6　右のページを見て、下の質問に答えてください。答えは、1・2・3・4から、いちばんいいものを一つえらんでください。

キムさんは自転車がほしいと思っています。大学で、いらない自転車を人にあげるというお知らせを読んでいます。

34 キムさんは3人に電話で質問しようと思っています。今は木曜日の午後3時です。だれに連絡できますか。

1　前田さん

2　中山さん

3　前田さんとトムさん

4　前田さんと中山さんとトムさん

35 キムさんは5,000円ぐらいまでお金を払うつもりです。どの自転車をもらいますか。

1　A

2　B

3　C

4　もらわない

いらない自転車をさしあげます！

A

1年前に12,000円で買いましたが、買った値段から50%安くして、ほしい人にあげます。あまり使わなかったので、とてもきれいで、壊れているところもありません。

月曜日、火曜日、金曜日は授業とアルバイトがあるので、電話に出られないと思います。それ以外の日に電話してください。できれば午後がいいです。家まで無料で届けに行きます。

前田：090-0000-0000

B

車を買ったので、自転車がいらなくなりました。高校のとき、3年間使いました。少し壊れているところがありますが、直せばすぐに乗れます。値段は7,000円ですが、家まで取りに来てくれるなら、2,000円安くします。家は大学から歩いて5分くらいのところにあります。

月曜日から金曜日までは授業で忙しいので、電話に出られません。ほしい人は必ず土日に電話してください。

中山：044-455-6666

C

古い自転車をただであげます。かなり古いので、自転車のお店で直してもらわなければいけないと思います。お店の人に聞いたら、直すのに5,000円くらいかかると言われました。家まで自転車を届けるので、1,000円お願いします。

質問がある人は、何でも聞いてください。午後はアルバイトがあるので電話に出られませんが、午前中ならいつでも大丈夫です。

トム：090-1111-1111

合格模試　第3回　　　　問題用紙

N4
聴解
(35分)

注　　意
Notes

1. 試験が始まるまで、この問題用紙を開けないでください。
   Do not open this question booklet until the test begins.
2. この問題用紙を持って帰ることはできません。
   Do not take this question booklet with you after the test.
3. 受験番号と名前を下の欄に、受験票と同じように書いてください。
   Write your examinee registration number and name clearly in each box below as written on your test voucher.
4. この問題用紙は、全部で15ページあります。
   This question booklet has 15 pages.
5. この問題用紙にメモをとってもいいです。
   You may make notes in this question booklet.

受験番号　Examinee Registration Number	

名前　Name	

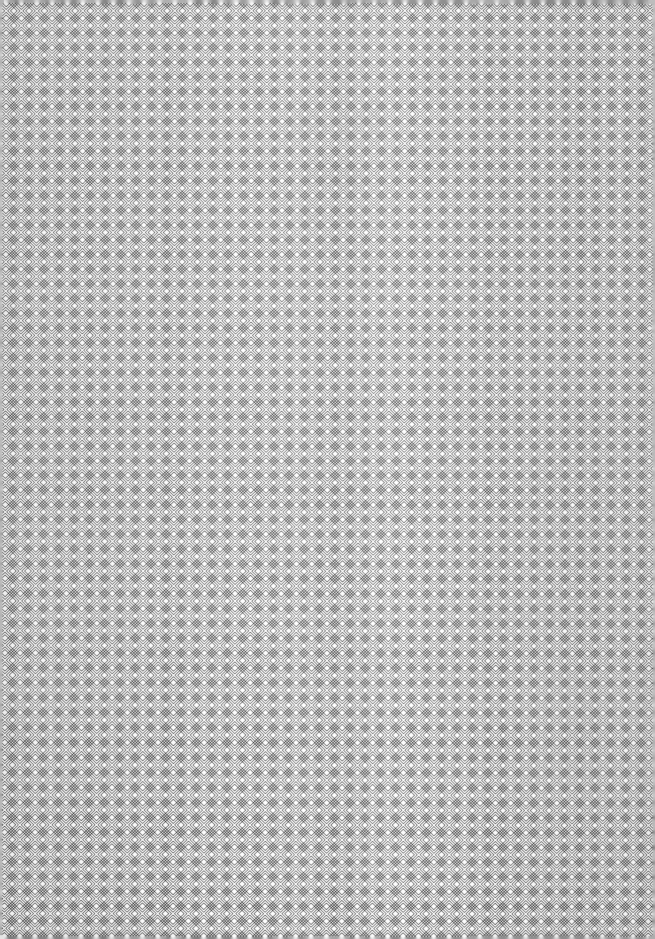

もんだい1　N4_3_02

もんだい1では、まず　しつもんを　聞いて　ください。それから　話を　聞いて、もんだいようしの　1から4の　中から、いちばん　いい　ものを　一つ　えらんで　ください。

れい　N4_3_03

1　ゆうびんきょくの　前で　まつ
2　ちゃいろい　ビルの　中に　入る
3　コンビニで　買いものを　する
4　しんごうを　わたる

1ばん N4_3_04

1

2

3

4

2ばん N4_3_05

1

2

3

4

3ばん　N4_3_06

1　1,500円(えん)

2　1,800円(えん)

3　2,000円(えん)

4　2,500円(えん)

4ばん　N4_3_07

1　301の　きょうしつに　行(い)く

2　とけいを　もって　行(い)く

3　ボールペンで　かく

4　かばんを　うしろの　テーブルに　おく

5ばん N4_3_08

1 ア イ
2 イ エ
3 ウ ア
4 ウ エ

6ばん N4_3_09

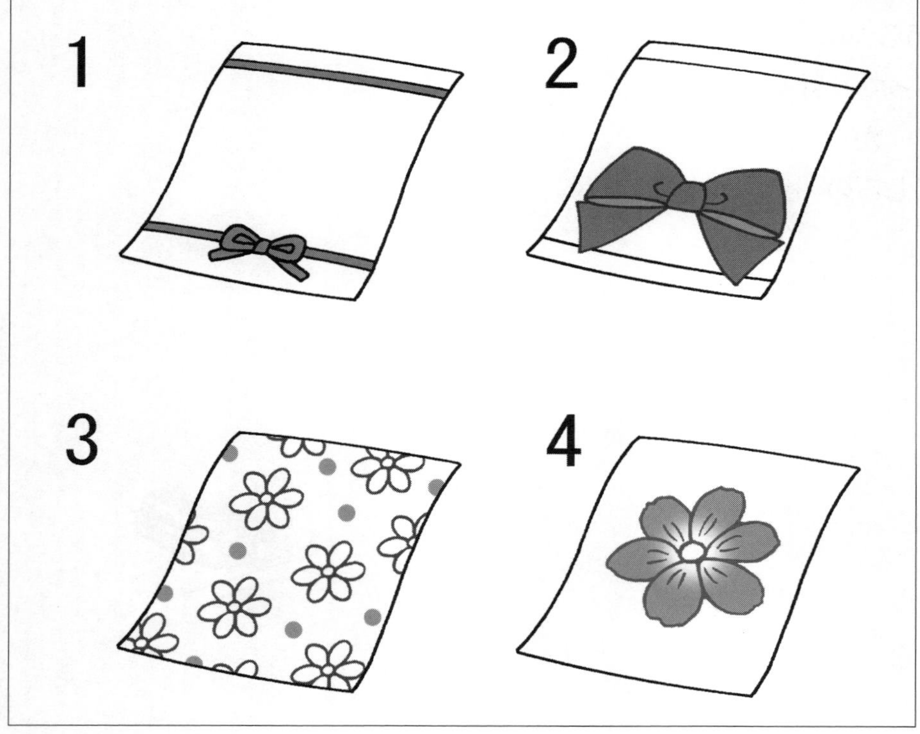

7ばん N4_3_10

1　先生(せんせい)
2　としょかんの　人(ひと)
3　ほかの　学生(がくせい)
4　林(はやし)くん

8ばん N4_3_11

1

2
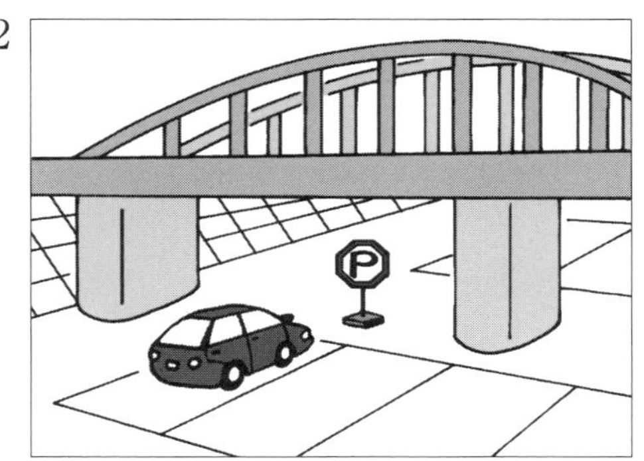

3
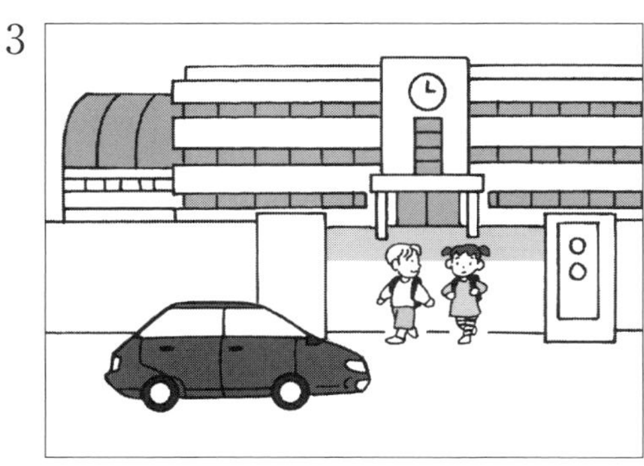

4

もんだい2 N4_3_12

もんだい2では、まず　しつもんを　聞いて　ください。そのあと、もんだいようしを　見て　ください。読む　時間が　あります。それから　話を　聞いて、もんだいようしの　1から4の　中から、いちばん　いい　ものを　一つ　えらんで　ください。

れい N4_3_13

1　ピンクの　きもの
2　くろい　きもの
3　ピンクの　ドレス
4　くろい　ドレス

1ばん N4_3_14

1　4時(じ)
2　5時(じ)30分(ぷん)
3　6時(じ)30分(ぷん)
4　7時(じ)

2ばん N4_3_15

1　おいしく　ないから
2　おなかが　いたいから
3　おひるに　カレーを　食(た)べたから
4　びょうきに　なったから

3ばん N4_3_16

1　お肉(にく)

2　飲(の)みもの

3　タオル

4　いす

4ばん N4_3_17

1　山田(やまだ)さんが　おなじ　おみせで　はたらいて　いるから

2　あまり　いそがしく　ないから

3　おみせの　人(ひと)が　やさしくて、おもしろいから

4　おんがくが　すきだから

5ばん N4_3_18

1　ゲームを　やりすぎて　いるから
2　テストで　100てんが　とれないから
3　ゲームを　かえして　くれないから
4　いっしょうけんめい　べんきょうしないから

6ばん N4_3_19

1　3人（にん）
2　4人（にん）
3　5人（にん）
4　6人（にん）

第3回

聴解

7ばん N4_3_20

1　ネックレス
2　ハンカチ
3　ケーキ
4　コップ

もんだい3 N4_3_21

もんだい3では、えを　見ながら　しつもんを　聞いて　ください。➡（やじるし）の　人は　何と　言いますか。1から3の　中から、いちばん　いい　ものを　一つ　えらんで　ください。

れい N4_3_22

1ばん N4_3_23

2ばん N4_3_24

3ばん N4_3_25

4ばん N4_3_26

5ばん N4_3_27

もんだい４ N4_3_28

もんだい４では、えなどが　ありません。　ぶんを　聞いて、１から３の　中から、いちばん　いい　ものを　一つ　えらんで　ください。

れい N4_3_29

１ばん N4_3_30

２ばん N4_3_31

３ばん N4_3_32

４ばん N4_3_33

５ばん N4_3_34

６ばん N4_3_35

７ばん N4_3_36

８ばん N4_3_37

ごうかくもし　かいとうようし

N4 げんごちしき（もじ・ごい）

第3回

じゅけんばんごう Examinee Registration Number		なまえ Name	

〈ちゅうい　Notes〉

1. くろいえんぴつ（HB、No.2）でかいてください。
Use a black medium soft (HB or No.2) pencil.
（ペンやボールペンではかかないでください。）
(Do not use any kind of pen.)
2. かきなおすときは、けしゴムできれいにけしてください。
Erase any unintended marks completely.
3. きたなくしたり、おったりしないでください。
Do not soil or bend this sheet.
4. マークれい Marking Examples

よいれい Correct Example	わるいれい Incorrect Examples
●	⊗ ✓ ○ ◎ ◐ ⦶ ●

もんだい1				
1	①	②	③	④
2	①	②	③	④
3	①	②	③	④
4	①	②	③	④
5	①	②	③	④
6	①	②	③	④
7	①	②	③	④
8	①	②	③	④
9	①	②	③	④
もんだい2				
10	①	②	③	④
11	①	②	③	④
12	①	②	③	④
13	①	②	③	④
14	①	②	③	④
15	①	②	③	④

もんだい3				
16	①	②	③	④
17	①	②	③	④
18	①	②	③	④
19	①	②	③	④
20	①	②	③	④
21	①	②	③	④
22	①	②	③	④
23	①	②	③	④
24	①	②	③	④
25	①	②	③	④
もんだい4				
26	①	②	③	④
27	①	②	③	④
28	①	②	③	④
29	①	②	③	④
30	①	②	③	④

もんだい5				
31	①	②	③	④
32	①	②	③	④
33	①	②	③	④
34	①	②	③	④
35	①	②	③	④

ごうかくもし　かいとうようし

N4 げんごちしき（ぶんぽう）・どっかい

第3回

じゅけんばんごう Examinee Registration Number	

なまえ Name	

〈ちゅうい　Notes〉

1. くろいえんぴつ（HB、No.2）でかいてください。
   Use a black medium soft (HB or No.2) pencil.
   （ペンやボールペンではかかないでください。）
   (Do not use any kind of pen.)
2. かきなおすときは、けしゴムできれいにけしてください。
   Erase any unintended marks completely.
3. きたなくしたり、おったりしないでください。
   Do not soil or bend this sheet.
4. マークれい Marking Examples

よいれい Correct Example	わるいれい Incorrect Examples
●	⊗ ✓ ○ ◎ ⊜ ⦶ ●

もんだい1	
1	① ② ③ ④
2	① ② ③ ④
3	① ② ③ ④
4	① ② ③ ④
5	① ② ③ ④
6	① ② ③ ④
7	① ② ③ ④
8	① ② ③ ④
9	① ② ③ ④
10	① ② ③ ④
11	① ② ③ ④
12	① ② ③ ④
13	① ② ③ ④
14	① ② ③ ④
15	① ② ③ ④

もんだい2	
16	① ② ③ ④
17	① ② ③ ④
18	① ② ③ ④
19	① ② ③ ④
20	① ② ③ ④

もんだい3	
21	① ② ③ ④
22	① ② ③ ④
23	① ② ③ ④
24	① ② ③ ④
25	① ② ③ ④

もんだい4	
26	① ② ③ ④
27	① ② ③ ④
28	① ② ③ ④
29	① ② ③ ④

もんだい5	
30	① ② ③ ④
31	① ② ③ ④
32	① ② ③ ④
33	① ② ③ ④

もんだい6	
34	① ② ③ ④
35	① ② ③ ④

ごうかくもし　かいとうようし

N4　ちょうかい

第3回

じゅけんばんごう Examinee Registration Number	

なまえ Name	

〈ちゅうい　Notes〉

1. くろいえんぴつ（HB、No.2）でかいてください。
   Use a black medium soft (HB or No.2) pencil.
   （ペンやボールペンではかかないでください。）
   (Do not use any kind of pen.)
2. かきなおすときは、けしゴムできれいにけしてください。
   Erase any unintended marks completely.
3. きたなくしたり、おったりしないでください。
   Do not soil or bend this sheet.
4. マークれい Marking Examples

よいれい Correct Example	わるいれい Incorrect Examples
●	⊗ ✓ ○ ◎ ◍ ◐ ●

もんだい1

れい	①	②	③	●
1	①	②	③	④
2	①	②	③	④
3	①	②	③	④
4	①	②	③	④
5	①	②	③	④
6	①	②	③	④
7	①	②	③	④
8	①	②	③	④

もんだい2

れい	①	②	③	●
1	①	②	③	④
2	①	②	③	④
3	①	②	③	④
4	①	②	③	④
5	①	②	③	④
6	①	②	③	④
7	①	②	③	④

もんだい3

れい	●	②	③
1	①	②	③
2	①	②	③
3	①	②	③
4	①	②	③
5	①	②	③

もんだい4

れい	●	②	③
1	①	②	③
2	①	②	③
3	①	②	③
4	①	②	③
5	①	②	③
6	①	②	③
7	①	②	③
8	①	②	③